AF475160

CONTES PHILOSOPHIQUES

ET MORAUX

de Jonathan le Visionnaire,

PUBLIÉS

PAR X.-B. SAINTINE.

Deuxième édition.

TOME PREMIER.

PARIS.
AMBROISE DUPONT ET RORET,
QUAI DES AUGUSTINS, N° 37.
BRUXELLES,
CHEZ GRIGNON,
MAISON BAUDOUIN FRÈRES.

1826.

CONTES
PHILOSOPHIQUES
ET MORAUX
de Jonathan le Visionnaire.

TOME PREMIER.

IMPRIMERIE DE J. TASTU,
RUE DE VAUGIRARD, N. 36.

Deneria del. Couché fils dir.

L'Enfant du Sorcier

CONTES PHILOSOPHIQUES ET MORAUX

de Jonathan le Visionnaire,

PUBLIÉS

PAR X.-B. SAINTINE.

Citoyen de tous les pays, contemporain de bien des âges, il semble que Dieu m'a oublié sur la terre pour y laisser un spectateur inamovible de tous les changemens qui y sont survenus.

Deuxième édition.

TOME PREMIER.

PARIS.

AMBROISE DUPONT ET RORET,
QUAI DES AUGUSTINS, N° 37.

1826.

HISTORIQUE

DE

JONATHAN

LE VISIONNAIRE.

> Que penser de la magie et du sortilége? La théorie en est obscure, les principes vagues, incertains, et qui approchent du visionnaire; mais il y a des faits embarrassans, affirmés par des hommes graves qui les ont vus; les admettre tous, ou les nier tous, paraît un égal inconvénient, et j'ose dire qu'en cela, comme dans toutes les choses extraordinaires et qui sortent des communes règles, il y a un parti à trouver entre les âmes crédules et les esprits forts. (La Bruyère. *De quelques usages.*)

Il y a déjà plusieurs années que, voyageant en Italie, je me trouvai dans la compagnie d'un assez grand nombre de

Français et d'étrangers, gens d'esprit et de goût. Nous nous rendions à Cosenza, capitale de la Calabre citérieure, et, après avoir dépassé Rossano, forcés d'abandonner nos voitures pour franchir les montagnes, nous marchions réunis en petite caravane, heureux de nous prêter ainsi tous un mutuel secours contre les ennuis de la route ou contre les malfaiteurs dont ces lieux sont remplis, surtout depuis le fameux tremblement de terre de 1783, qui détruisit de fond en comble la ville de Cosenza, et plongea tant de familles dans la misère.

De temps en temps, nous faisions une halte, et alors, après un léger repas, tous groupés sur quelque monticule, ayant nos armes préparées, nous aimions à discourir sur les mœurs, sur les costumes modernes du pays que nous parcourions, sur les antiquités de l'Italie, sur tous les changemens successifs qu'avaient éprouvés les habitans et le sol de ces belles contrées. Plusieurs d'entre nous avaient beaucoup voyagé, et des comparaisons piquantes puisées dans les usages, les habitudes de tous les peuples de l'univers, donnaient un charme infini à nos conversations. Nous étions au milieu d'une de ces narrations intéressantes, lorsque nous nous aperçûmes tout à coup qu'un homme couvert d'un manteau de laine, les cheveux retenus dans une résille surmontée d'un large chapeau, écoutait silencieusement, debout auprès de nous. Au mouvement que nous fîmes en portant la main à nos armes, il sourit, et nous rassurant du geste : « Pardon, Messieurs; comme vous, je suis un voyageur; je me rends à Cosenza, et connaissant par expérience le danger de parcourir seul ces montagnes, je venais vous prier de me recevoir dans votre petite troupe. Lorsque je me suis approché, un récit fort intéressant et fort vrai surtout, semblait seul vous occuper; je craignis de vous en distraire, et je m'abandonnai moi-même, sans y songer, au plaisir d'écouter.» Cet homme avait l'air doux et honnête; son extérieur, quoique bizarre, était décent, et nous l'acceptâmes pour compagnon.

Pendant la route, interrogé par nous sur le pays qu'il semblait connaître parfaitement, sur le but commun de notre voyage: «Je ne puis vous donner que peu de détails sur Cosenza, nous répondit-il, bien que j'aie habité cette ville à trois époques différentes; mais la dernière fois que j'en sortis, les tremblemens de terre l'avaient encore respectée, et je vous avouerai même que je ne m'y rends aujourd'hui que pour observer les effets de ces jeux cruels de la nature, ce contraste entre une cité populeuse et florissante et ses débris dispersés dans la solitude.» —

« Monsieur, lui dis-je, comment se fait-il que, jeune encore (car malgré de fortes rides qui traversaient son front et lui donnaient un air d'austérité, il paraissait âgé de quarante ans au plus) ; comment se fait-il qu'une ville qui, depuis 1783, a cessé d'exister, vous ait laissé des souvenirs de sa splendeur ? » Il se tut. Un de nos compagnons fit de plus observer que l'inconnu prétendait avoir habité Cosenza à trois époques différentes ; il se tut encore. Nous nous regardâmes tous en nous lançant un coup d'œil d'incrédulité, et cessâmes de l'interroger.

Nouvelle halte, nouvelle conversation. Cette fois, l'étranger sembla d'abord ne prendre qu'une très faible part à tout ce qui fut dit, mais, de temps en temps, un sourire ironique, un mouvement d'impatience, trahissaient sa pensée. Nos discours roulaient sur le grand nombre de religions qui divisent les hommes et imposent à leur esprit une morale et des devoirs différens, comme les divers climats imposent à leurs corps d'autres formes et d'autres besoins. Sir B..... colonel anglais, revenu des Indes depuis peu, nous entretenait d'observations curieuses qu'il avait faites sur le culte des brachmanes, sur tous les mystères de la science déposés dans les Védams et dans les livres sanscrits ; et lorsque sir B..... avec cette confiance orgueilleuse que l'on montre lorsque, fier d'une découverte nouvelle, on croit ne trouver dans son auditoire que des disciples et non des juges, développant les antiques préceptes des *Valouvres* et des *gymnosophistes*, après avoir fait tonner toute l'artillerie de son érudition en nous entretenant des six sciences de *Nyâyam*, *Védantan*, *Sankiam* etc., des hérésies de l'*Agamachastaram* et du *Bouddamatham*, détaillait avec le plus grand feu ces rites mystérieux que seul parmi les Européens il avait pu connaître, il entendit tout à coup notre nouveau compagnon, d'un ton de voix approbateur, dire : « C'est vrai ! » et, prenant pour point de départ les observations de sir B.... sur le culte et la science des prêtres indous, dévoiler entièrement à nos yeux cet océan de sagesse et de superstitions dont celui-ci n'avait pu entrevoir que les rivages.

Le docteur K....., si connu en Allemagne par ses voyages dans l'Amérique septentrionale, nous donna à son tour des détails géographiques et philosophiques sur la Floride et la Louisiane. L'inconnu l'écouta d'abord avec attention, puis bientôt releva quelques erreurs de localité dont le docteur convint lui-même, en s'étonnant toutefois que quelqu'un pût en savoir plus que lui sur ces lieux qu'il avait parcourus pendant trente années de sa vie. « Vous ne pouvez juger de la beauté de ces climats aujourd'hui, reprit son antagoniste; il faudrait, comme moi, les avoir vus lorsque les Natchez, fidèles encore à leurs costumes pittoresques, à leurs usages en harmonie avec cette terre primitive et sublime, transplantaient leurs huttes des rives de l'Ohio à celles de l'Yberville.» — «Mais, lui répondit le docteur en retenant un éclat de rire, vous me mettez dans un terrible embarras, car depuis 1730 les Natchez ont disparu de ces contrées, et je me vois forcé, ou de ne point ajouter foi à vos discours, ou de vous croire âgé de plus de cent ans.» Ici le rire du docteur se communiqua à toute la caravane; l'inconnu se leva, et nous poursuivîmes notre route.

Chacun des individus composant notre petite troupe eut son tour avec l'homme aux cent ans; à l'un il laissa entrevoir qu'il se trouvait à la bataille de Marignan, ce qui semblait dater sa naissance du commencement du seizième siècle; à un autre, savant antiquaire, il donna des démentis formels sur l'ancienneté de certains monumens, sans d'autres preuves à l'appui que ces mots : « Je le sais ! J'en suis sûr! » Nous nous attendions sans cesse à l'entendre s'écrier : « Je les ai vu construire! » Mais il se retint sans doute, car nous remarquâmes qu'il semblait plus contrarié que satisfait des supputations que l'on pouvait faire sur son âge prétendu. Enfin, en étant venus à parler de ces discours énergiques, de ces mots sublimes que les historiens placent dans la bouche des héros mourans, et les dernières paroles d'Épaminondas ayant été citées par un de nous comme modèle dans ce genre : « La mort d'Épaminondas fut sans ostentation comme sa vie, dit-il d'une voix émue et en interrompant brusquement le narrateur; il avait cessé de vivre lorsqu'on le rapporta dans sa tente, et Plutarque et Diodore en ont menti! O le plus vertueux des hommes! Après tant d'années !... O mon....» et des larmes semblèrent couler de ses yeux comme à un souvenir d'amitié. Pour le coup, nous le déclarâmes fou à l'unanimité : « C'est le frère aîné du juif errant, » dit le docteur K.... « Tête folle, mais grande instruction, » répondit sir B....

Déjà nous n'étions plus qu'à quelques lieues de Cosenza, lorsque nous entendîmes un bruit étrange autour de nous; et notre petite troupe se trouva tout à coup entourée par un grand nombre de bandits. Nous nous préparions à une défense vigoureuse, lorsque l'un d'eux devança les autres et s'approcha en nous criant : « Rachetez votre vie! » Cet honnête parlementaire était âgé de près de soixante ans; il attendit quelque temps notre réponse, puis à l'instant apercevant dans nos rangs l'intime des brachmanes, le contemporain de François Ier, l'ami d'Épaminondas, il tomba sur ses genoux comme saisi de terreur : « Jonathan ! s'écria-t-il, Dieu me sauve ! Oui, c'est lui !.... J'étais bien jeune lorsque je vous vis, mais vos traits sont restés gravés là, et vos traits n'ont point changé.... Grâce ! grâce !... Vous revenez encore !... N'était-ce point assez que votre présence en ces lieux ait déjà causé ce tremblement de terre qui nous a tous ruinés ! Mon père m'a dit tenir de son aïeul que votre arrivée dans Cosenza avait déjà produit un semblable désastre, il y a près d'un siècle !... Grâce, Jonathan !... » Et à ce nom terrible, toute la bande qui nous entourait s'enfuit en criant : « C'est Jonathan le sorcier ! » Pour celui-ci, il se couvrit la figure de ses deux mains en disant : « Êtres superstitieux ! Suis-je assez à plaindre ! Ils m'attribuent un malheur dont j'ai voulu prévenir les suites cruelles pour eux ; je les avais avertis du désastre, et ils m'en croient la cause ! »

Cette fois, nous ne savions plus que penser de notre singulier compagnon de voyage. Il est des choses si simples que la raison seule ne peut expliquer, qu'il faut bien aussi que la raison adopte parfois des choses extraordinaires qu'elle ne comprend pas. Le doute nous gagnait à l'égard de Jonathan, et douter, dans ce cas, c'était faire un pas en faveur de cet homme bizarre que nous prenions d'abord pour un fou et dont nous venions de rire peut-être bien injustement.

Nous nous approchâmes tous de lui, à l'exception d'un Napolitain qui jusqu'alors s'était montré homme d'esprit et de bon sens ; mais qui, à compter de ce moment, se tint à l'écart et se signa pendant le reste du chemin. Jonathan parut plongé dans de profondes méditations, et ne répondit point à nos questions multipliées. Enfin, nous arrivâmes le soir à la vue de Cosenza, et fixâmes notre couchée dans une petite auberge située au bas de la montagne. C'est là que, lassé de nouveau de nos importunités, il prit un singulier moyen pour s'y soustraire. Le docteur K.... lui adressant la parole, il lui répondit en anglais; sir B... se présenta aussitôt comme interlocuteur, et ne reçut de réponse qu'en espagnol; nous avions parmi nous un Castillan; il entra dans la lice à son tour, pour battre tout de suite en retraite en entendant le dialecte moscovite déchirer ses oreilles. Jonathan espérait se débarrasser ainsi de nos curieuses sollicitations; mais s'apercevant qu'en nous cotisant tous, nous pouvions comprendre les différentes langues de l'Europe, il se réfugia dans celles de l'Asie où le docteur K.... et sir B... le suivirent quelque temps et le perdirent enfin dans les jargons malais et siamois.

Le lendemain, à notre réveil, nous apprîmes que Jonathan était disparu, et je n'entendis plus parler de lui pendant mon séjour en Italie. Quelques mois après, je fus de retour dans la capitale de la France.

«Paris fut toujours le rendez-vous de ces sots petits-maîtres, de ces hommes-femmes, véritables brutes de la civilisation, qui, au milieu des prodiges de l'esprit humain, vivent sans voir et sans penser, et qui, doués de ces mêmes facultés dont le développement dans l'ame des Colomb, des Newton, des Voltaire, des Lavoisier, a produit la découverte d'un monde, éclairé les hommes, expliqué, analysé l'univers, passent leur vie à inspecter leur garde-robe, à veiller à la coupe de leurs habits, à curer leurs ongles, à brosser leurs cheveux et à se montrer dans les promenades publiques pour égayer les enfans par leurs ridicules. »

« Que diriez-vous donc, me répondit madame***, avec laquelle je m'exprimais ainsi dans un moment de boutade, que diriez-vous d'un homme qui déjà d'un âge mûr et possédant une grande instruction, est cependant entiché au dernier degré du défaut que vous signalez dans ce moment ?—Mais je penserais de lui que son instruction n'est qu'un effet de sa mémoire et que le raisonnement n'y a aucune part. — Vous vous tromperiez peut-être. M. Gernonval, dont je veux parler, pense et raisonne ; il déraisonne parfois ; mais c'est plutôt alors le vice de son imagination trop forte que de son jugement. — Je ne vous comprends point. — Mais le voici justement lui-même ; écoutez-le et vous me comprendrez. » Et je vis entrer effectivement chez madame***, un homme vêtu de la façon la plus ridicule et la plus extravagante.

Tout ce que l'art de la toilette a de raffineries, tout ce que la mode adopte en colifichets de luxe, servait à sa parure. Jonathan! allais-je m'écrier (car c'était encore lui); mais son nom expira sur mes lèvres tant j'étais stupéfait de voir le sorcier de la Calabre dans un costume si différent de celui qu'il portait le jour de sa première apparition. Dès lors, je formai le projet de pénétrer ce qu'était enfin cet être inconcevable; quelque chose de surnaturel présidait à sa destinée; je n'en pouvais douter, je n'en doute point encore : j'affectai de ne le point reconnaître, dans la crainte de mettre son esprit à la gêne; j'écoutai même tout ce qu'il raconta de bizarre et de merveilleux avec un air de crédulité qui n'était point simulé, je l'avoue : cet homme commençait à s'emparer puissamment de mon imagination. Il s'en aperçut, et sembla dès lors, en parlant, s'adresser plus particulièrement à moi qu'aux autres; car plusieurs personnes étaient survenues chez madame***, depuis son arrivée. Quand il se retira, chacun interpréta à sa guise ce qu'il avait entendu; seul, je gardai le silence.

« Eh bien! que dites-vous de notre *visionnaire?* me dit enfin madame***. — Il confond mon esprit, lui répondis-je, et il me paraît plus facile de le croire que de le réfuter. — N'allez-vous pas penser qu'il est aussi vieux que le monde, ajouta un nouveau-venu, ou que son ame, après mille transmigrations, a rallié tous les souvenirs de ses existences précédentes, comme il voudrait peut-être nous le persuader lui-même? car il me semble grandement affectionner Pythagore, Cagliostro et tous les illuminés des temps anciens et modernes. — Je ne sais quoi répondre, ajoutai-je, mais j'aime mieux croire à un seul miracle, à une seule déviation dans les lois éternelles de la nature, que de penser que tous les hasards se sont régularisés pour soutenir ses impostures; que mille miracles ont été faits pour en empêcher un seul; car ce n'est pas la première fois que je me trouve avec lui, et ce que j'ai vu parle aussi haut en sa faveur que ce j'ai entendu. — Son air de franchise vous séduit, reprit mon antagoniste, et ce n'est sans doute pas de ce côté qu'il est attaquable; le nom de *visionnaire* que nous lui avons donné lui convient tout-à-fait; car je suis convaincu qu'il ajoute foi entière lui-même à tout ce qu'il avance. *Fortis imaginatio generat casum.* Ses songes, ses rêveries deviennent bientôt pour lui autant de vérités; c'est un fou, un inspiré, un songecreux, un visionnaire enfin, mais ce n'est point un imposteur.»

Jonathan (car je lui conserverai le nom sous lequel je le vis pour la première fois),

Jonathan sut que j'avais pris sa défense avec chaleur et que ma confiance en lui était complète ; cela sembla me mettre en faveur dans son esprit, et j'en profitai si bien qu'au bout de quelque temps je devins son disciple, son confident, son ami.

« J'ai remarqué votre surprise, me dit-il un jour, lorsque vous me reconnûtes sous ce costume moderne et bizarre ; mais outre que depuis long-temps j'adopte le vêtement en usage dans les pays que j'habite, les nombreuses émotions éprouvées pendant ma longue existence, m'ont, pour ainsi dire, créé un besoin de déraison et d'extravagance que je satisfais parfois avec un plaisir que vous êtes assez heureux pour ne pouvoir comprendre. Ah! combien l'Éternel a sagement marqué la mesure ordinaire de la vie humaine! J'ai tout vu, tout senti, et mes sensations, aujourd'hui, ne sont plus rien par elles-mêmes, sinon des réminiscences de mon premier siècle. Citoyen de tous les pays, contemporain de bien des âges, il semble que Dieu m'a oublié sur la terre pour y laisser un spectateur inamovible de tous les changemens qui y sont survenus; j'ai vu Rome au berceau, j'ai vu des peuples anthropophages dévorer leurs ennemis sur cette même place où depuis s'éleva la reine des arts, la superbe Athènes; dans ce lieu même où je vous parle, j'ai assisté aux festins bruyans des Sicambres, aux jeux sanglans des Bructères; après avoir vu s'éteindre et se rallumer le flambeau des sciences, j'ai suivi pas à pas les nouveaux progrès de l'esprit humain, et j'ai répété avec Salomon : Tout est vanité! —Quoi! lui dis-je, ne rendez-vous pas au moins justice aux savans de notre époque, qui, dépouillés de toutes les arguties de l'école, marchent d'un pas ferme et libre dans le chemin tracé par la raison et l'expérience ? — Tout est vanité ! reprit-il ; ils ne savent voir qu'avec les yeux du corps ; leur raison a tué leur instinct ; aucun d'eux ne sait deviner, et ce n'est que par l'imagination qu'on peut saisir l'ensemble des ouvrages du créateur ; mais non, chacun d'eux veut enfanter son univers. Buffon considère la terre comme un fragment détaché du soleil ; Burnet y voit une boule d'eau ; Palissy une coquille. Aux atômes d'Épicure et de Gassendi succèdent la matière subtile de Descartes ou la substance matérielle de Spinosa, dont triomphe enfin l'attraction de Newton. Croyez-moi ; tout n'est que contradiction chez les savans ; j'ai vu trop souvent les systèmes succéder aux systèmes ! Dans un de mes anciens voyages en France, je faillis être emprisonné pour avoir invoqué le sentiment d'Aristote dans une discussion avec un professeur de l'Université; trente ans après, je fus menacé d'être brûlé vif dans ce même pays pour avoir parlé irrévérencieusement du même philosophe avec ce même professeur. Les idées innées et la matérialité ou l'immatérialité de l'ame m'ont fait courir plus de risques pour ma vie que les cent batailles auxquelles j'ai assisté. Aujourd'hui je ne prends parti ni pour les savans ni pour les rois, et dans ce siècle même, que vous appelez celui de la raison, j'aime mieux être connu en France pour la manière dont je noue ma cravate, que pour ma façon de penser sur les actes du gouvernement. J'ai subi toutes les formes du pouvoir, et je n'en préfère aucune; j'ai étudié, approfondi toutes les sciences, et je ne crois qu'à l'astrologie et à l'alchimie. — Est-il possible? m'écriai-je; il me semblait que de toutes les sciences, elles étaient les plus vaines et les plus fausses.—Toujours baser sa pensée sur celle des autres ; ne voir que par les yeux faibles de ceux qui nous entourent, dit-il d'un ton amer; n'ajoutez-vous foi qu'aux choses que vous comprenez? Alors vous ne croyez point à vous-même; car les causes de votre existence sont un mystère pour vous, malgré les rêveries du philosophe de Montbard. Est-il donc possible de penser que, pendant tant de siècles, la crédulité publique n'eût pas été éclairée si ces sciences n'avaient présenté quelque fondement! Tant de braves gens seraient-ils morts sur les bûchers, martyrs de l'intolérance, s'ils n'avaient été convaincus des vérités, objets de leurs recherches? Les sciences hermétiques étaient disparues ainsi que les autres, dans les révolutions du globe; mais leur puissance n'est-elle pas authentiquement prouvée dans l'antiquité, même par ceux qui avaient intérêt à la nier? Moïse n'a-t-il pas reconnu, devant Pharaon, jusqu'où pouvait s'étendre le pouvoir des disciples de Zoroastre? Saint Pierre a-t-il refusé de croire aux merveilles de l'art de Simon? dit le magicien. Vos historiens eux-mêmes, entre autres le sage Rollin, n'ont-ils pas prouvé l'authenticité des oracles de Rome et de la Grèce? Que ce soit magie blanche ou magie noire, à l'aide ou sans l'aide du démon, ce n'est pas là le point de la question. Mais ce feu sacré, conservé par quelques initiés de l'Inde, y brille encore dans tout son éclat; et gardez-vous de vous y tromper, l'Europe, que des essais infructueux avaient découragée trop tôt, et qui laissa l'imposture s'asseoir sur les tablettes de Ptolomée, reviendra bientôt de son erreur; la découverte du fluide magnétique expliquera plus tard les mystères de la seconde vue, du somnambulisme, des songes, où des objets inconnus se présentent à nous sous leur forme réelle, et aidera à découvrir entièrement dans ces contrées le temple de Zoroastre et la table smaragdine d'Hermès. »

Je ne le comprenais pas assez pour le combattre, et le mouvement d'inspiration qui semblait l'avoir saisi en prononçant ces dernières paroles, imposait à son adversaire la nécessité d'employer avec lui d'autres armes que celles du raisonnement. Après un moment de silence : « Jonathan, lui dis-je, est-ce à cet art merveilleux que vous devez la prolongation de votre existence ? — Je ne puis rien révéler ! J'en ai peut-être déjà trop dit ; mais non, reprit-il en adoucissant sa voix, je ne me repentirai point de ma confiance. » Il affecta de changer de conversation, et nous en revînmes à ses voyages. « Depuis moins d'un siècle, me dit-il, la France a considérablement changé de face. Louis XV régnant, j'habitais Paris sous le nom de M. *de Saint-*

Germain, et fréquentais la société des philosophes. — Grimm n'a-t-il pas parlé de vous dans sa Correspondance (1)? — Cela est possible — Que pensez-vous de ce temps, comparé au nôtre? — Vous avez échangé le plaisir contre la raison. Alors je voyais cependant la philosophie, religion nouvelle, encore sur la défensive, conserver une attitude fière et imposante. Aujourd'hui plus forte que jamais, je la vois, après la victoire, prête à renoncer à tous ses avantages. — De combien d'anecdotes, de faits piquans, votre mémoire ne doit-elle pas être meublée! — Oui, me répondit-il; dans la crainte de les oublier, j'en avais relaté quelques uns que je veux vous laisser comme un gage de souvenir; j'eus d'abord l'intention de les publier pour l'instruction des hommes; vous serez mon éditeur si vous le jugez

---

(1) T. VII, p. 193.

nécessaire. Les voici, me dit-il en allant chercher un petit coffret qu'il me remit. J'ai été témoin, quelquefois même acteur dans toutes les histoires que vous trouverez ici. Plusieurs, sans doute, vous sembleront bizarres, incroyables; venez me trouver, et je vous en donnerai l'explication claire et franche.»

Sitôt après l'avoir quitté, je n'eus rien plus pressé que d'ouvrir mon coffret. Je le trouvai rempli de petits rouleaux de toutes les formes, de toutes les couleurs, de toutes les matières; papiers, soie, écorce de bouleau, papyrus, parchemin, etc., etc. Un grand nombre de ces histoires était écrit dans des langues que je ne pouvais comprendre; je me donnai tout le mal possible pour les faire traduire; les meilleurs professeurs du collége de France se rassemblèrent même plusieurs fois chez moi pour éclaircir des difficultés que ne pouvaient vaincre des traducteurs vulgaires. Je lus, je dévorai tout enfin. Quelques unes de ces relations me semblèrent d'une grande simplicité et respirant le ton de la franchise et de la vérité; quelques autres me parurent tellement mériter un autre titre que celui d'*histoire*, que je courus de suite chez Jonathan pour lui en demander *l'exvlication claire et franche;* il était délogé, et personne n'en entendit parler depuis.

Ne pouvant attendre l'espace d'un siècle pour qu'il lui plaise de revenir en France me donner son explication, je prends le parti de soumettre au public les anecdotes recueillies par Jonathan; quelques personnes m'avaient donné le conseil perfide de les intituler *Contes*, mais ce serait faire injure à mon ami; je les intitulerai *Récits*, titre qui signifie peu de chose et concilie tout; seulement j'ai consenti, après bien des altercations, à joindre au nom de *Jonathan* le titre de *visionnaire*, afin de ne point trop alarmer les personnes assez superstitieuses pour ne pas croire à l'astrologie et à l'alchimie. Au surplus, pour en finir, je dirai avec Montaigne : *Les histoires que j'emprunte, je les renvoye sur la conscience de ceulx de qui je les prens.* (1)

X. B. Saintine.

---

(1) Pendant le cours de cet ouvrage, les notes explicatives de l'éditeur de Jonathan seront signées d'un X.

LE JEUNE BOYARD.

(VALAKIE.)

LE JEUNE BOYARD.

> Nous ne pensons presque point au présent; et si nous y pensons, ce n'est que pour en prendre la lumière pour disposer l'avenir. Le présent n'est jamais notre but. Le passé et le présent sont nos moyens : le seul avenir est notre objet. Ainsi, nous ne vivons jamais, mais nous espérons de vivre.
>
> (Pascal. Pensées, *Vanité de l'Homme.*)

Le soleil commençait à dorer la cime des monumens élevés de Bukarest, capitale de la Valakie, lorsqu'un jeune homme, qu'à son manteau court, à son bonnet d'astracan, surmonté d'un riche panache, on reconnaissait pour le rejeton illustre d'une famille de boyards, sortit de son habitation située sur les bords de la Dumbrowitz, et s'enfonça dans les montagnes. En voyant la carabine rayée, incrustée d'argent et de nacre, qu'il portait en bandoulière, le large poignard dentelé qu'il avait à sa ceinture, on eût pu croire que l'espérance de surprendre un chamois ou une biche sauvage, de triompher même d'un ours, la terreur du pays, s'emparait seule de ses pensées. On se fût trompé. Il avait vingt-cinq ans : il était amoureux; et son âge l'occupait peut-être plus encore que son amour. « Vingt-cinq ans! murmurait-il tout bas, le quart d'un siècle! la plus belle moitié sans doute de mon existence! Et qu'ai-je fait jusqu'à présent qui puisse légitimer l'emploi de tant d'années?

« J'ai mille projets de bonheur; mais comment les exécuter? Je serais si heureux, cependant, si j'en avais le temps! mais le moment désiré recule toujours devant moi. Mon mariage avec Anna est encore retardé d'une année, par l'ordre du vaivode son père. Que cette année d'attente est longue! Se marier à vingt-six ans! A peine aurai-je essayé des rôles de père et d'époux; à peine aurai-je élevé ma famille... la vieillesse! Oh! combien la vie est courte! N'est-ce point une contradiction révoltante que de donner à l'homme, au roi de la création, un règne de si peu de durée, quand il y a vingt espèces d'animaux qui vivent des siècles! ils ne sont point doués de raison, cependant; ils n'ont pas été les objets particuliers de l'attention du Tout-Puissant. Ce cerf qui paît sur la pointe de ce rocher, ajouta-t-il en armant machinalement sa carabine, a peut-être déjà six fois mon âge, et il vivra peut-être encore six fois le temps que je dois vivre. — Oui, si vous êtes maladroit,» répondit une voix qui semblait sortir de dessous terre.

Le jeune Valaque recula de surprise: puis apercevant tout à coup à ses pieds un homme misérablement vêtu, couché sur le sable d'une ravine desséchée: «Qui êtes-vous? s'écria-t-il en dirigeant vers lui son instrument de mort. — Hélas! clément seigneur, quand vous m'aurez tué, vous n'en vivrez pas plus et le cerf n'en vivra pas moins. — Qui êtes-vous enfin? — Un homme qui, pour sauver sa vie, est venu la confier à la fureur des tchimbers (1) et à la voracité des ours. — Qui donc en voulait à vos jours? — Vos pareils. — Quel crime avez-vous donc commis? — Celui d'avoir un sens de plus que les autres hommes. — Votre nom? — Vous le dire c'est beaucoup risquer; car vous portez une fort belle carabine, et vous avez sur moi et sur ma race, droit de vie et de mort. — Comment? — Clément seigneur, je suis un *Tsingare*, chef de tous les *Tsingares* proscrits et condamnés par les vôtres.» A ces mots, le jeune chasseur recula involontairement avec un

(1) Espèce de taureau sauvage.

geste de mépris ; car les *Tsingares*, ou *Zingaris* ou *Tsigheuners* ou *Tchinguénès* (1), comme on voudra les appeler d'après les vocabulaires français, italiens, allemands ou turcs, étaient une peuplade errante, descendue des Cophtes et des Nubiens, et qui, tenant de leurs ancêtres quelques secrets de nécromancie, héritage dispersé de l'antique Égypte, les avaient colportés dans l'Europe. A mesure que la civilisation, mère de l'incrédulité, s'établit dans cette partie du monde, ils furent refoulés vers des régions plus propices au développement de leur art. Depuis de nombreuses années, ils habitaient au milieu des Hongrois, des Moldaves, des Valaques ou quelques unes de leurs bandes vivent encore; mais, à cette époque, soit qu'une partie de leurs secrets se fût perdue; soit, comme l'ont avancé assez

(1) Ce mot signifie *vagabond*.

légèrement des historiens mal intentionnés sans doute, qu'ils profitassent de la confiance qu'ils inspiraient et de l'entrée libre qu'on leur accordait dans les plus riches maisons du pays, pour exercer d'autres talens occultes que l'art de la divination, et qui exigeaient moins de savoir et plus d'adresse, ils tombèrent dans un discrédit total; ils semblaient souvent hanter plus volontiers les grands chemins que l'intérieur des villes. Un décret de proscription n'ayant pas suffi pour les éloigner, le vaivode de Valakie autorisa ses sujets à leur faire une chasse dans toutes les règles. Ce fut cette mesure de sûreté publique qui contraignit le malheureux Kaboul, dont nous venons de parler, de se réfugier au milieu des montagnes, bien qu'il fût étranger aux excès de ses confrères et qu'il passât honnêtement sa vie à composer des philtres et à contempler les astres.

Comme nous l'avons dit, à ce nom fatal de *Tsingare*, Assan Corati, notre jeune chasseur, recula stupéfait. Cependant, élevé à l'université de Padoue, ainsi que toute la jeunesse opulente de son pays, il s'était affranchi de quelques uns des préjugés de sa terre natale, pour en adopter d'autres chez l'étranger; aussi son horreur valaque pour les fils de l'Égypte le cédait-elle à sa confiance italienne pour toute espèce de merveilleux. De plus, même parmi ses persécuteurs, Kaboul jouissait d'une haute réputation de savant et d'honnête vagabond. Assan le rassura sur ses craintes, l'assura même de sa protection, et bientôt revenant à son idée première : «Vous avez entendu, lui dit-il, les plaintes que j'exhalais sur l'étrange répartition des instans entre l'homme et de certains animaux? — Votre carabine est paisiblement étendue sur l'herbe, et vous provoquez la discussion, lui répondit Kaboul ; j'en vais profiter pour satisfaire à mon besoin naturel de parler et pour vous prouver, ce dont je suis bien aise, que parfois un misérable *Tsingare* est l'égal d'un boyard, pour la raison. Vous vous plaignez de la brièveté de l'existence de l'homme ? mais l'homme n'a-t-il pas la pensée, avec laquelle il peut diviser à l'infini ses momens et de ses heures faire des siècles ?—Soixante minutes employées comme il vous plaira n'en font pas moins qu'une heure de vie. — Écoulées dans un sommeil sans songes ou dans l'oisiveté, elles ne forment qu'une longue série d'instans monotones, tous semblables entre eux, qui une fois passés ne laissent qu'un point imperceptible, bientôt confondu, resserré, oublié avec mille autres points pareils qui composent le vide de notre existence ; mais occupez chacun de ces instans en projets, en actions, pesez sur chaque moment, ne voyez rien avec indifférence; vous êtes heureux dans le présent; le passé vous laisse des souvenirs, et l'avenir s'ouvre devant vous plein d'espérances. Vous avez vécu. — Oui, une heure. Dans vos secrets magiques, savant Kaboul, n'en existe-t-il point un qui prolonge la vie? — Je le possède, répondit celui-ci en souriant; en voudriez-vous faire usage? – Quoi! sage Kaboul, vous le possédez, et vous daigneriez en disposer en ma faveur! — Très volontiers; je vous donnerai, si vous le souhaitez, deux cents ans d'existence. — O mon ami! — Bien plus, et ne perdez point de vue cette prérogative attachée à votre nouvelle vie; l'avenir sera à votre disposition, et vous vieillirez aussi vite que vous le désirerez. — J'en userai peu. »

Kaboul s'éloigna tout à coup d'Assan; et celui-ci le vit gravir les rochers, descendre au fond des précipices, se suspendre au bord des torrens, en murmurant des chants étranges, dans un langage inconnu. Enfin il revint portant à la main un grand nombre d'herbes de toutes sortes. « Le lieu n'est pas propice pour les préparer, dit-il. — Daignez me suivre dans mon palais, répondit Assan ; vous pourrez y disposer de tout; vous vous y reposerez de vos fatigues, vous y trouverez une nourriture abondante, et n'en sortirez que comblé de mes bienfaits. Kaboul sourit : Pour prolonger votre vie, dois-je risquer la mienne ? — Accompagné par moi, que craignez-vous ? Couvrez-vous de mon manteau, côtoyons la Dumbrowitz ; je demeure à l'entrée de la ville. » Kaboul le suivit. Le repas était préparé pour le maître de la maison, et après que Kaboul eut composé son philtre, il le présenta à son hôte, qui le prit avec confiance, et se mit à table avec lui, malgré sa qualité de *Tsingare.*

Rendons justice à l'heureux Assan ;

assuré de vivre deux siècles, son Anna devint aussitôt le seul objet de ses pensées ; mais cette longue année d'attente le tourmentait toujours, seulement par l'impatience qu'il avait d'être heureux, et non comme auparavant dans la crainte de ne pouvoir élever sa famille. Il se ressouvint de la prérogative attachée par Kaboul à son don merveilleux ; riche de deux cents ans d'avenir, il était en fonds pour en sacrifier un à sa maîtresse, et de plus il était charmé de vérifier si les promesses de Kaboul n'étaient point trompeuses. Il souhaita donc que l'année d'attente s'effaçât de sa vie et que le jour de son hymen avec Anna se levât tout de suite pour eux. Son vœu était à peine achevé, qu'il éprouva une espèce d'éblouissement pendant lequel les événemens de cette année passèrent tout à coup devant lui comme, lorsque l'éclair entr'ouvre le ciel, mille objets confus se présentent à nos regards et disparaissent à l'instant; ou avec la vitesse de ces rouages fortement agités qui, tournant en cercle sur un pivot, paraissent immobiles dans leur rapidité. Anna était déjà dans ses atours de jeune mariée; toute la ville retentissait de cris de joie et du roulement des tambours en l'honneur de la fille du prince de Valakie, et les cloches de l'église grecque, suspendues selon l'usage entre deux cyprès, à la porte du temple, annonçaient aux curieux rassemblés l'approche des nouveaux époux.

Premiers jours de l'hymen, vous fûtes pour Assan et pour Anna, escortés par tous les enchantemens de l'amour et du plaisir! Si un cérémonial importun venait de temps en temps interrompre ces instans de délices, Assan n'avait qu'un vœu à former et se retrouvait tout à coup seul avec son amante, affranchi d'une vaine étiquette. C'était bien encore quelques instans enlevés à la vie; mais existe-t-on pendant les heures d'ennui? et puis, disait Assan, les premiers temps du mariage sont si doux, ils méritent exception. Mais quel fut son bonheur, son ivresse, lorsque sa jeune épouse lui fit part de ses tendres inquiétudes! une douce langueur, des besoins bizarres la tourmentaient. Assan comprit qu'il allait être père et n'en dormit plus de joie. Dans ce temps, le vaivode le pria d'entreprendre pour lui un voyage auprès de la sublime Porte: il s'agissait d'affaires importantes à communiquer au reiss-effendi; il ne pouvait refuser ce service au père d'Anna; mais pouvait-il abandonner celle qui allait le rendre père? Cette fois, le sacrifice des trois mois que devait durer son voyage lui parut dicté par la raison.

Le vœu fut donc fait, l'éblouissement arriva derechef; les trois mois furent écoulés, et notre sage, fier d'avoir satisfait à la raison et à la nature, se remit à songer à son fils. Qu'en fera-t-il, lorsqu'il sera né ? Ce n'est pas tout que d'être père, il faut en remplir les devoirs. « Mon pauvre fils ! il se nommera Assan comme moi ! Ma femme l'en aimera plus ! Ce sera, j'en suis sûr, un superbe enfant ! Chère Anna, elle va bien souffrir !... Je ne pourrai être témoin de ses douleurs, je le sens bien.... mon fils et ma femme, tout ce que j'ai de plus cher au monde, entre la vie et la mort !... Abrégeons ce temps d'épreuves ; cette fois c'est par pitié, par humanité ; et puis je veux embrasser mon fils. » Il profita encore de sa prérogative, et sa chère Anna accoucha.... d'une fille. Tous ses projets étaient déçus ; il lui fallait un fils cependant, un petit Assan ; il s'en occupa, employa pour satisfaire à son impatience à peu près les mêmes moyens qu'à sa première paternité, et réussit enfin. Assan II vit le jour.

Mais un bon père songe à tout, et jamais il n'y eut un meilleur père qu'Assan 1er. Que fera-t-il de ce fils lorsqu'il grandira? L'enverra-t-il à l'université de Padoue, où il a été élevé lui-même? Non, il ne pourra jamais se séparer de son fils; il confiera son éducation à un homme sûr, versé dans les langues de l'Europe et de l'Asie, comme le savant Asgleton qui habite en ce moment Bukarest: pourquoi cet honnête Asgleton ne s'en chargerait-il pas lui-même? mais d'ici à ce que ce fils soit élevé, cet érudit aura sans doute quitté la Valakie!... Voilà une idée pénible. Philippe de Macédoine se réjouissait si fort de ce que les dieux avaient fait naître Aristote de son temps, afin qu'il pût lui confier son jeune Alexandre!... Asgleton vaut presque Aristote, et quelques misérables années ne valent pas ce qui réjouissait si fort Philippe de Macédoine! — Je m'immole pour mon fils;

qu'il soit âgé de sept ans! » Sa famille s'accroissait; il lui fallait un palais plus vaste, des jardins plus spacieux, et comment s'accommoder de la lenteur des ouvriers et de celle de la végétation?

C'est ainsi que, maître de ses destinées, Assan sacrifiait sa vie présente pour avancer de plus en plus dans son avenir; de vœux en vœux, d'éblouissement en éblouissement, il s'aperçoit enfin que ses cheveux grisonnent et que sa femme vieillit. Qu'a-t-il fait de sa jeunesse? Il l'a passée tout entière à hâter l'instant qu'il redoute. Cependant une vaste carrière est toujours ouverte devant lui, mais avec un autre âge, d'autres passions s'emparent de son cœur. Il leur faut offrir encore pour aliment de belles années; l'ambition arrive; il entrevoit la route des honneurs, et veut la parcourir. On y parvient facilement avec du temps et de l'argent, et, pour son malheur, il est maître de sa fortune et de sa vie. Déjà tout ce qu'il aima sur la terre a cessé d'exister; son fils même a succombé à la vieillesse; seul, Assan poursuit son chemin, soutenu par l'ambitieux espoir d'être vaivode comme l'a jadis été son beau-père. Il obtient ce beau titre enfin; mais il reçoit avec sa nomination, l'ordre de lever des troupes, et de marcher en personne avec le hospodar de Moldavie, contre les Tartares du Boudziac qui refusaient de payer un impôt auquel ils s'étaient soumis. Le nouveau vaivode forcé, selon l'usage, de donner au grand seigneur cinq cent mille piastres turques pour son avénement à la régence de Valakie, se trouvait ruiné; il lui fallait, pour entreprendre cette guerre fatale, surcharger encore ses sujets d'impôts, les enrôler sous ses étendards; ces occupations pénibles et nouvelles ne lui faisaient pas couler les instans assez agréablement pour qu'il ne cherchât à les abréger: un éblouissement vint à son aide, et il se trouva aussitôt à la tête d'une armée superbe, dont la moitié déserta le lendemain. Comptant sur son courage et sur la Providence, il livra néanmoins bataille, la perdit; et, mandé devant le divan pour s'y justifier de sa conduite, Assan se rendit à Constantinople où il fut jeté dans un cachot, et oublié.

Le malheureux, entouré d'objets lugubres, de gardiens au ton brusque, à la figure rébarbative, eut tout le temps de faire de belles et bonnes réflexions sur sa catastrophe : « J'approche de l'époque terrible qui doit terminer ma vie, se dit-il; j'ai bien peu vécu cependant; peut-être ai-je sacrifié trop légèrement à mon avidité de jouir, des jours nombreux qui pouvaient bien n'être pas sans charmes; car sur cette roue rapide qui me les enlevait pour toujours, j'ai parfois entrevu des objets dignes d'être regrettés. Que l'expérience me rende sage désormais; le temps me devient précieux : une fois de retour dans mes états, je saurai l'employer pour le bonheur de mon peuple et pour le mien : chaque heure aura son emploi, ses tourmens, peut-être; mais aussi ses plaisirs; je ferai du bien, je.... Cependant, ajouta-t-il, je suis prisonnier, accablé sous le poids d'une fausse suspicion; j'ai beau vouloir me cramponner au moment présent, le peu de jours heureux que j'espère ne peut être pour moi dans ce cachot horrible; je sens le besoin de confondre mes accusateurs auprès du sultan : qu'elle sonne donc enfin l'heure où l'on me rendra justice! » Il dit, et se trouve sur son lit de mort. Un génie, couvert des voiles du deuil, le front couronné de scabieuse et d'ancolie, apparaît auprès de lui : d'une main il tient un glaive tranchant, de l'autre des tablettes qu'il lui présente : « Assan Corati, tes deux siècles sont achevés; tu te plaignais de la brièveté de la vie, et lorsque deux cents ans te furent accordés, tu les sacrifias follement pour courir après un avenir illusoire qui fuyait sans cesse devant toi. Double centenaire, vois sur ces tablettes le calcul positif de ton existence. Depuis ta rencontre avec le chef des Tsingares, tu vécus à peine cinq ans. Ton heure a sonné! — Déjà! s'écria le malheureux vaivode d'un ton de voix lamentable ; déjà! lorsque je faisais de si nobles projets pour la gloire et le bonheur de la Valakie! Méchant Kaboul! c'est toi qui causes tous mes désastres! avais-je besoin de ton philtre perfide! que ne me laissais-tu suivre la commune destinée de tous les hommes! j'eusse vécu plus long-temps et plus heureux; malgré moi, il est vrai; mais enfin je serais mort avec mon Anna et avant mon fils bien-aimé. Cruel Kaboul! misérable chef de..... — « Allons, mon hôte, éveillez-vous, lui cria celui-ci en le secouant fortement par le bras; les boyards valaques ont-ils donc l'habitude de dormir avant le repas? Éveillez-vous, Assan Corati! votre potage de maïs est divin, mais il refroidit. » Et Assan ouvrit de grands yeux d'un air effaré, regarda autour de lui, et, saisi d'étonnement, se retrouva dans son palais de Bukarest, situé sur les bords de la Dumbrowitz, à table et tête à tête avec le chef des Tsingares, auquel il venait de donner l'hospitalité. « Je ne suis donc point vaivode? — Non; mais vous pouvez le devenir si les cachots de Constantinople ne vous effraient pas; au reste, consolez-vous, vous ne survivrez point à votre fils, et vous mourrez avec votre Anna, que vous n'épouserez, il est vrai, que dans un an. Eh bien! mon hôte, croyez-vous maintenant que, grâce à la pensée, les heures

deviennent des siècles? Votre rêve n'a pas duré dix minutes, et vous avez accompli, pendant son cours, une existence entière.
—Mais, dit Assan, par quel sortilége?....
— Aucun, répondit Kaboul; le philtre que vous avez pris n'était composé que de plantes narcotiques qui devaient exalter votre esprit pendant le sommeil de votre corps : je n'ai voulu que mettre en activité les idées qui déjà remplissaient votre tête, et celles dont j'avais pris soin de vous entretenir moi-même. Les mots entrecoupés qui vous sont échappés pendant votre songe, m'ont instruit de ma réussite; remerciez-en le ciel, si cette leçon peut vous persuader que ce sont les sensations qui font la vie et qui la prolongent. De nobles occupations, de sages plaisirs, peuvent vous donner deux siècles d'existence, et non moi. Tout en vous assurant une vieillesse honorable et tranquille, jouissez du présent, car seul il est

certain. Ne prenez point avec mépris vos plus beaux jours pour les jeter dédaigneusement derrière vous; rapprochez le but de tous vos projets, estimez le temps, ménagez-le, car la vie en est faite, et n'oubliez jamais que l'avenir est un gouffre où le présent va s'engloutir. On se plaint de la brièveté de la vie, et sans cesse on fait des vœux pour hâter sa rapidité. Vous voyez qu'en fait de raison, parfois un Tsingare vaut bien un boyard. — Hélas! dit Assan, il me faut donc encore attendre un an avant d'épouser mon Anna! »

LA MÉSALLIANCE.

(FRANCE.)

LA MÉSALLIANCE.

Sua quisque exempla debet æquo animo pati.
PHÈDRE.

JULIEN était né au village; et Julien cependant, sans posséder encore les défauts brillans de la ville, n'était plus un paysan. Adopté par un riche commerçant de Toucy, dans l'Auxerrois, élevé près de son bienfaiteur jusqu'à l'âge de dix-huit ans, il avait vécu dans l'aisance, dans le repos, dans l'espoir d'un doux avenir; et son cœur se méfiant peu de la Providence, s'imaginait que cet état de bonheur devait durer toujours. Tout à coup son père adoptif, entraîné vers sa ruine par des entreprises hasardeuses, par de fausses spéculations, se déclara en état de faillite et s'enfuit chez l'étranger.

Julien, abandonné, livré à lui-même, prenant en haine une ville où sans cesse le nom de banqueroutier venait frapper son oreille, se ressouvint de la chaumière paternelle, et aussitôt il se mit en marche.

Et comme il traversait le village de Ouaine, lieu de la résidence du marquis de Vaudon, il vit tous les paysans, l'air joyeux, en habit de fête, rassemblés devant l'église. On y célébrait les fiançailles de la jeune Marie, fille du marquis, avec le comte de Vermanton.

En ce jour, Marie, selon l'usage, maîtresse souveraine dans les domaines de son père, dispensait à son gré la justice et les bienfaits. Julien, l'air suppliant, se présenta devant elle. Marie l'accueillit avec bonté, l'écouta avec émotion; et quoiqu'il n'eût reçu aucune notion d'agriculture et de jardinage (chose dont elle ne s'informa même pas), il fut mis tout de suite à la tête de l'intendance des parcs et jardins de la seigneurie de Vaudon.

Pour une ame généreuse, le besoin de s'acquitter d'un bienfait est un besoin impérieux. Julien était dévoré de ce désir ardent, qui chez lui était devenu une passion tellement violente, qu'elle semblait paralyser ses autres sentimens. La nuit, le jour, un seul objet l'occupait tout entier. Si la jeune Marie semblait trouver du plaisir à contempler une fleur, à respirer ses parfums, il ne prenait point de repos jusqu'à ce que cette fleur préférée fût partout sur son chemin, partout frappât ses regards. Un soir, en se promenant dans le parc, elle pousse un long cri. Julien accourt. Le pied de sa jolie bienfaitrice était déchiré par une ronce perfide, et Julien vit du sang à sa chaussure. Trois jours après c'en était fait, les ronces avaient disparu du parc de Vaudon; et, comme Julien ne savait pas plus qu'un autre se modérer dans ses vengeances, toutes les plantes armées d'épines ou d'aiguillons, les houx, les buissons, les broussailles furent enveloppés dans la même proscription.

Le comte de Vermanton s'intéressa vivement à l'accident arrivé à sa jolie fiancée, mais il en voulut long-temps à Julien d'avoir fait un jardin anglais du parc de Vaudon. Ce jeune seigneur, ainsi que tous ceux de sa classe, se croyait forcé d'aimer passionnément la chasse, qu'on regardait alors comme l'exercice le plus salutaire et l'amusement le plus noble. En effet il est noble, il est salutaire de faire couler le sang, et d'accoutumer ses yeux au spectacle du carnage. C'est le délassement des héros. Le comte aurait autant aimé, disait-il, aller égorger les lapins dans la basse-cour, que de chasser dans un parc sans broussailles. Il ne pardonna donc point à Julien ses accès de reconnaissance, et s'en plaignit au marquis; mais Julien eut naturellement dans Marie un défenseur secourable. Il est bien juste que ceux qui nous ont fait commettre la faute soient les premiers à l'excuser; c'est ce que le comte ne se persuada pas d'abord. Il trouva étrange que la fille du marquis de Vaudon s'abaissât à défendre un *valet*; elle expliqua ses raisons, elles étaient bonnes; mais le comte, que la discussion aigrissait, se laissant emporter à sa vivacité naturelle, lança sur Marie et Julien une expression tellement insultante, que celle-ci, suffoquée par les larmes, ne put répliquer. Elle courut s'enfermer dans ses appartemens, pleura à son aise, pensa au sujet de cette querelle, et, pour la première fois, et par l'imprudence du comte de Vermanton qu'elle aimait, son esprit s'arrêta avec complaisance sur les soins dont Julien l'entourait depuis sa venue au château; elle se rappela sa figure, elle était bien ; son caractère, il était bon. Elle se souvint qu'il n'avait rien des manières d'un paysan, et cette idée excita sa curiosité. Elle se souvint encore de la douceur de son regard, et ensuite elle n'y voulut plus penser. Si le comte était venu faire de nouveau à sa fiancée une petite querelle au sujet de Julien, dans la disposition d'ame où elle était, je ne sais ce qu'il aurait pu en résulter, tant le cœur d'une femme est une chose incompréhensible; mais il ne le fit pas, et il fit bien.

Quelque temps se passa, et tout reprit son cours ordinaire. Marie se retirait souvent, pour rêver ou pour lire, dans un petit pavillon situé au milieu de l'esplanade du parc ; elle semblait s'y plaire plus qu'en aucun autre lieu du château. Mais, comme découvert de tous les côtés, rien ne le défendait contre les feux du midi, elle était contrainte de s'en absenter tant que le soleil était dans toute sa force. Julien s'en aperçut, et, ne consultant que son dévouement, il mit un grand nombre de jardiniers, de villageois du complot, et, dans l'espace d'une nuit, des trous immenses furent creusés autour du pavillon; les tilleuls et les acacias, enlevés à leur sol natal, y furent transplantés avec toutes les précautions imaginables; et le lendemain, Julien fut doucement payé de ses peines, en voyant l'étonnement de Marie à l'aspect de son pavillon chéri, environné tout à coup d'ombre et de fleurs.

Le comte de Vermanton murmura de nouveau ; ce massif d'arbres privait quelques parties du château d'un point de vue admirable, selon lui. Cette fois le marquis fut de son avis; il trouva de plus fort impertinent l'intendant de ses jardins, qui se permettait de tout bouleverser sans ordres. Pour surcroît de malheur, les arbres nouvellement plantés moururent tous au bout de quelques jours, et le pauvre

Julien, pour prix de ses soins attentifs, de son dévouement sans bornes, reçut son congé, sans que celle qui était l'objet continuel de tous ses soins et la cause de son infortune, osât risquer un mot en sa faveur : nouvelle contrariété d'un cœur féminin , mais que mon lecteur, s'il a aimé, expliquera facilement.

Le comte de Vermanton, chargé de signifier à Julien son ordre de départ, s'en acquitta avec une telle hauteur, une telle dureté, que celui-ci ne put retenir les expressions de sa colère. Le comte, jeune homme plein de fougue et d'orgueil, s'emporte violemment, et s'oublie au point de le frapper. Julien, furieux, hors de lui-même, s'oublie à son tour, saisit avec désespoir l'arme du garde-chasse, qui se trouvait près de lui, et se précipite sur le comte, qui, forcé de songer à son salut, recule précipitamment, glisse et tombe dans un vaste canal qui traversait le parc de Vaudon, et où la rivière de Ouaine venait décharger ses eaux. Julien sera donc vengé! Non : Julien allait punir un injuste agresseur; mais la nature, mais Dieu, qui mit la compassion dans le cœur de tous les hommes, appelle Julien au secours d'un de ses semblables qui va périr; et Julien se précipite dans les flots; d'un bras nerveux, il lutte contre la force du courant; déchiré par quelques fragmens de rochers, aux traces de son sang on juge de ses efforts et de ses recherches. Enfin il reparaît sur l'eau; d'une main il a saisi le comte par ses vêtemens, de l'autre, en attendant la barque libératrice, il se cramponne avec force aux anfractuosités de la chaussée; mais son courage et son dévouement ne lui suffisent plus; tout à coup ses yeux se troublent; en vain il fait un dernier effort pour saisir un objet vague qui semble s'offrir à lui; bientôt il ne voit plus rien, ne sent plus rien, et un engourdissement total s'empare de tous ses membres.

En reprenant ses sens, il se trouva dans un endroit sombre, où d'abord son regard, encore faible et douteux, ne put distinguer aucun objet. Pendant quelques instans, il crut s'être réveillé dans un autre monde. Aucun souvenir de son existence première ne frappait sa mémoire; l'amour et la haine étaient effacés de son cœur. Peu à peu ses esprits revinrent; il examina plus attentivement le lieu qu'il habitait, et, se soulevant péniblement sur son lit, il écarta les rideaux qui lui interceptaient la lumière. Avec quel étonnement il se vit transporté dans un riche et bel appartement qu'il reconnut pour appartenir au château de Vaudon! mais avec quel ravissement bien plus grand encore il aperçut dans un coin, à la faible clarté d'une lampe, la jeune Marie occupée avec ses femmes à préparer les linges nécessaires aux pansemens des malades! Ses yeux paraissaient encore gonflés par les pleurs; et Julien, malgré ses douleurs, qui commençaient à se réveiller vivement, se regardait comme le plus heureux des hommes en songeant que peut-être il était l'objet de ces soins touchans, et que quelques unes de ces larmes précieuses avaient coulé pour lui.

Le comte de Vermanton fut bientôt en état de se lever, et sa première visite fut pour son libérateur. Quant à celui-ci, ses blessures étaient dangereuses; une fièvre ardente l'agitait par instans, et faisait trembler pour sa vie. Chaque jour Marie lui prodiguait les soins de la plus tendre pitié, et chaque jour Julien s'enivrait de plus en plus de la vue de celle qu'il n'avait d'abord aimée que par un sentiment de reconnaissance. Dans les momens où la douleur semblait donner quelque relâche au pauvre malade, elle daignait s'entretenir avec lui, afin de le distraire, et chaque fois, en le quittant, elle se promettait bien de ne plus donner lieu désormais à de pareils entretiens.

Dans un de ces instans si doux où Julien, oubliant la distance sociale qui le séparait de Marie, épanchait librement son ame dans la sienne, il lui confia les espérances et les malheurs de sa jeunesse. Son amour-propre (et l'on en a près de celle qu'on aime) dut souffrir de quelques uns de ces détails, et Marie lui en sut gré. Mais lorsqu'il arriva à l'événement terrible qui l'avait privé d'un père adoptif; lorsqu'il rappela à Marie que, sans elle, sans sa douce bienfaisance, il restait peut-être sans soutien, sans asile sur la terre, sa voix s'altéra tellement, qu'il ne put achever son récit. Marie, émue de pitié, par un mouvement involontaire, lui tendit doucement la main; il s'en empara vivement, et leurs yeux baignés de larmes se rencontrèrent aussitôt.

Laissons-les pleurer un instant ensemble, et occupons-nous maintenant de ce qui se passe hors de la chambre de l'intéressant malade.

De grands événemens venaient de changer la face politique de la France. Deux partis dans une attitude offensive semblaient n'attendre que l'instant d'en venir aux mains. Un décret de l'Assemblée constituante abolissait les titres et les prérogatives de la noblesse, et le marquis de Vaudon, sectateur ardent des nouveaux principes, venait de renoncer avec joie à tous ses priviléges, et de faire enlever ses écussons armoriés de la grille de son château, lorsque le comte de Vermanton entra chez lui. « Monsieur le marquis... — Grâce au ciel, je ne suis plus marquis, mon cher Vermanton. — S'il en est ainsi,

Monsieur, tous nos engagemens antérieurs sont rompus; je retire ma parole, car la fille du citoyen Vaudon ne peut espérer s'allier à la noble famille des comtes de Vermanton. — Que votre volonté soit faite, Monsieur; mais vous allez causer une esclandre qui, un jour, pourra tourner contre vous! — Adieu! — Adieu! »

« Viens, ma fille! s'écria l'ex-marquis en apercevant Marie qui traversait l'appartement. Sieds-toi, mon enfant.... je vais t'affliger; mais j'espère que tu trouveras assez de force dans ta tendresse pour ton père, et dans ton amour-propre blessé, pour mépriser bientôt l'insensé qui feint de nous dédaigner. — Que dites-vous? — Ton fiancé, le comte Vermanton, refuse de remplir ses sermens, et renonce à ta main. — Vraiment, s'écrie la jeune imprudente, en s'élançant de sa chaise, et sautant au cou de son père. Il renonce à moi? Ah!

tant mieux! — Je ne comprends rien à ta folle joie; tu l'aimais, ce me semble? — Oui, je l'ai cru quelque temps, dit-elle en baissant les yeux; mais depuis que je l'ai entendu s'emporter contre vous dans les discussions que vous aviez souvent tous les deux.... — Bonne Marie! »

Et courant aussitôt rejoindre son malade. « Un grand malheur vient d'arriver, » lui dit-elle, le sourire encore sur la bouche, les yeux encore étincelans de bonheur. Il apprit tout, et dans son transport sympathique : « Ah! tant mieux! » s'écria-t-il aussi.

Cependant la maladie de Julien prit une marche inquiétante. Les émotions trop vives qu'il ressentait chaque jour irritèrent ses blessures, allumèrent son sang, et la fièvre ne le quitta plus. Jusque là le docteur, selon la prudente habitude de ces messieurs, s'était bien gardé de se prononcer; enfin, il déclara l'existence d'un grand danger. L'alarme est au château; Marie, navrée de douleur, ne veut plus quitter la chambre de Julien; et bientôt ses larmes et ses sanglots ont appris à celui-ci l'amour qu'il a fait naître et le péril qui le menace.

Ce fut au milieu d'une de ces nuits cruelles que, réveillé en sursaut par la douleur, l'amant de Marie l'aperçoit, le visage baigné de larmes, à genoux au pied de son lit. Elle priait : « Je le vois, lui dit-il, il n'y a plus d'espérance. Consolez-vous, le bonheur n'était pas pour moi sur la terre; si j'eusse recouvré la santé, il m'eût bientôt fallu...... » Puis, s'interrompant tout à coup, il s'écria : « Ah! si la mort égalise tout; Marie! je vais mourir! non! tu n'ignoreras pas...... — Tais-toi, dit-elle en posant son doigt tremblant sur la bouche de son ami; tais-toi, je sais tout. » Et alors saisissant les mains de l'infortuné et les pressant entre les siennes, la chaste, la bonne, la tendre Marie, d'un air presque solennel, courba son front vers celui du malade, et déposant le premier baiser de l'amour sur des lèvres déjà refroidies par la mort : « Nous voilà unis, » s'écria-t-elle, et elle s'évanouit.

Mais Julien n'avait été condamné à mort que par son médecin, et la nature cassa l'arrêt. Le retour de sa santé, la certitude d'être aimé, l'opinion politique du père de Marie, le départ du comte de Vermanton, tout pour lui semblait devenir un présage de bonheur. De si douces espérances ne se réalisèrent point cependant.

Le citoyen Vaudon reçut fort mal les propositions de M. Julien; en vain ce dernier lui dit : « Nous avons les mêmes principes, je pense ainsi que vous (et j'ai encore plus d'intérêt que vous à le penser), que tous les hommes sont égaux.

Ainsi donnez-moi votre fille. Vous seriez indigne du nom d'homme si, pour quelques milliers d'écus que vous avez de plus que moi, seule différence qui peut exister entre nous, vous sacrifiiez le bonheur de votre enfant et le mien. Au nom de l'humanité, de la raison..... » Il allait poursuivre son éloquente péroraison, lorsqu'au nom de la raison et de l'humanité, l'ex-marquis le fit prendre par les épaules et mettre à la porte du château.

Julien furieux écrivit à Marie : *Votre père est un barbare; suis-je donc moins que lui pour exciter ses mépris? Je vous aime, vous m'aimez; que fallait-il de plus pour nous unir? Il a blâmé la conduite du comte de Vermanton; elle était moins insensée que la sienne. Malheur aux parens que les honneurs ou les richesses rendent sourds aux cris de l'amour et de la nature!*

Marie était à peu près de son avis; mais

cela ne suffisait pas. Pour surcroît de malheur, son père surprit la lettre. Il prévit quelles pouvaient en être les suites, et, chargé dans ce moment par les autorités municipales de fournir des défenseurs *volontaires* à la patrie, il mit Julien à la tête de la liste.

Bon gré, mal gré, pauvre Julien, te voilà donc soldat! Que devint-il? je l'ignore; sans doute il fit son devoir, fut brave, se comporta en héros, se fit tuer; ainsi n'en parlons plus, et revenons à Marie, objet principal de ce récit.

Le temps, ce grand consolateur, ce grand destructeur, ce grand magicien, amena bien des changemens dans le château de Vaudon. La révolution était en marche, et dans sa course sanglante écrasait sous ses pieds jusqu'à ses fondateurs. L'ex-marquis se trouvait en butte à des délations continuelles; on lui reprochait la tiédeur de son républicanisme, tout le corps de la roture outragé dans la personne de Julien. Il crut conjurer l'orage prêt à fondre sur lui, en sacrifiant sa fille; et Marie, victime obéissante, pensant sauver les jours de son père, devint l'épouse d'un homme qui ne ressemblait à Julien que par la naissance, et au comte de Vermanton que par la fougue de son caractère; mais qui, dans ce temps, se trouvait à la tête du parti alors régnant.

Hélas! c'était en vain que le père de Marie avait cru se donner un défenseur dans son gendre; honnête homme, vrai patriote, il avait rêvé la république, mais ne pouvait concevoir l'anarchie. Il fut plongé dans un cachot. A ses côtés sur la paille, gémissait un autre malheureux: « Est-ce bien vous, marquis? s'écria le comte de Vermanton, car c'était lui-même; par quel changement de fortune ou d'opinion vous trouvez-vous ici? — Mon ami, j'ai voulu sauver la république.

— Et moi, la monarchie. » Le même jour les vit tous deux périr sur l'échafaud.

Lecteur, ferme les yeux sur cette époque désastreuse; laisse s'écouler vingt années de troubles, de gloire et d'infortunes, et suis-moi dans les murs de Paris. Vois dans cette maison modeste, en face de ce brillant hôtel, une tendre mère écoutant les plaintes, partageant les chagrins d'un fils, d'un fils unique, son seul ami. Cette bonne mère, c'est Marie; ce bon fils, c'est le doux fruit de son malheureux hymen. Veuve et réduite à la condition la plus obscure, ne subsistant que par le travail de son fils, dont les succès dans les arts lui font espérer un avenir meilleur, elle voit sa situation présente encore aggravée par la passion funeste que son Gustave ressent pour l'unique enfant d'un homme dont la fortune et le rang considérables lui défendent tout espoir.

Parvenu par son mérite seul aux plus hauts emplois dans la carrière militaire, le duc de Stétin consacrait tous les instans de ses glorieux loisirs à diriger la brillante éducation de sa fille Amélie. Gustave, choisi par lui pour l'initier dans les secrets du dessin et de la peinture, ne tarda pas à concevoir l'amour le plus violent pour son élève. Le duc en fut instruit, et son orgueil s'en révolta. Non content de bannir l'artiste de sa maison, il résolut de tout mettre en œuvre pour arracher du cœur d'Amélie un sentiment naissant qui faisait rougir de honte son front patricien.

De son côté, Marie avec ces tendres ménagemens dont une femme, et surtout une mère, sait si bien entourer ses paroles de consolation, cherchait à calmer l'esprit fougueux et le cœur exalté du jeune peintre. « Mon ami, mon Gustave, où peut te conduire un amour insensé?

Le fils d'une pauvre veuve sans nom et sans fortune peut-il aspirer à la main de l'héritière du duc de Stétin ? Elle t'aime, dis-tu ; mais, mon fils, l'amour seul peut-il donc tout légitimer ? Vois combien de persécutions a déjà fait tomber sur nous le père de ton Amélie. Jamais il ne consentira à un pareil mariage; il ne le peut, il ne le doit pas. Gustave, ta mère conçoit toute l'étendue de tes chagrins, et les partage. Les souvenirs de ma jeunesse me rappellent des douleurs semblables aux tiennes; mon cœur fut déchiré comme le tien. Que mon exemple t'affermisse et t'inspire le courage de la résignation. » Elle allait continuer; un valet, sorti du brillant hôtel qui faisait face à sa demeure, lui remit une lettre. Elle était du duc de Stétin. Il s'y plaignait amèrement de la conduite du jeune homme, déplorait les désagrémens d'un tel voisinage, et finissait par déclarer que si le *vil séducteur* de sa fille ne consentait à s'éloigner volontairement et sur-le-champ, il saurait l'y contraindre par des moyens en son pouvoir.

Marie, au désespoir, tremblante pour son fils, relisait encore cette fatale missive, lorsque les caractères d'une écriture connue vinrent réveiller dans son cœur un souvenir bien doux et bien cruel à la fois. Elle rêvait à ce singulier rapprochement, quand un second domestique entra et lui annonça la visite du duc de Stétin. Gustave s'éloigna, et bientôt le duc lui-même parut. « Madame, dit-il à Marie, qui le reçut le visage rouge de crainte et le front baissé, je viens savoir quelle est votre dernière résolution. C'est à regret que je vous afflige, madame; mais ne me contraignez pas de prendre un parti sévère avec vous. Votre fils ose aimer ma fille; bien plus, abusant de sa jeunesse et de son inexpérience, il osa s'en faire aimer! La fortune, le nom, le rang, rien ne l'arrête! — Hélas! monsieur le duc, répondit Marie, qui, remise de son trouble, avait eu le temps de l'examiner attentivement, si mon fils est coupable, je ne prétends point le défendre; mais son amour est un sentiment involontaire, et sa jeunesse est son excuse. — Un artiste! a-t-il donc pu croire qu'une telle alliance fût possible? — A notre âge, monseigneur, on peut n'écouter que son ambition et sa vanité, au sien on ne consulte que son cœur et le rang de la femme aimée est oublié pour ses attraits. — Ainsi, madame, vous approuvez la conduite de votre fils? — Je n'approuve rien, monseigneur; je compatis à une infortune non méritée. Je respecte l'ordre social établi, mais mon fils n'eut jamais dessein de le troubler. Soyez son juge vous-même. Vous avez eu son âge, vous avez aimé sans doute; ne consultiez-vous alors que la raison et les convenances du monde? » Dans ce moment une rougeur subite colora le front de l'homme puissant, et trahit les vives émotions de son ame. Il se calma cependant, et d'un ton ferme et décidé : « Madame, répéta-t-il, votre fils aime ma fille; ils ne peuvent habiter le même lieu ; qu'il s'éloigne! qu'il s'éloigne! Eh! qui sait s'il ne pousse pas encore l'audace jusqu'à écrire à mon Amélie! — Je ne puis le nier, monsieur le duc, répondit Marie tremblante; ayant surpris une lettre.... — Une lettre! il a osé! — La voici, dit alors la mère de Gustave, après avoir tiré de son secrétaire un papier enveloppé avec soin; prononcez donc sur le sort de celui qui l'écrivit. » Et le duc, après l'avoir ouverte avec indignation, lut ce qui suit :

« *Votre père est un barbare; suis-je donc moins que lui pour exciter ses mépris? Je vous aime, vous m'aimez; que fallait-il de plus pour nous unir? Il a blâmé la conduite du comte de Vermanton; elle était moins insensée que la sienne. Malheur aux parens que les honneurs ou les richesses rendent sourds aux cris de l'amour et de la nature!*

Signé JULIEN. »

Étonné, il lève les yeux : ô Marie! Marie! est-ce vous? — Oui, Julien, oui, c'est moi; c'est moi que vous voulez priver d'un fils! d'un fils, le seul être qui m'aime aujourd'hui sur la terre. — Ne parlons plus d'infortunes, ne parlons plus de refus! Le duc de Stétin n'existe point pour vous; c'est Julien, Julien qui a pu faire couler vos larmes et qui implore son pardon à vos genoux!.... Marie, ajouta-t-il en souriant, la fille du pauvre Julien peut-elle espérer de s'unir au petit-fils du marquis de Vaudon?

LES BIENFAITEURS.

(ESPAGNE.)

LES BIENFAITEURS.

Omne dixeris maledictum, cùm ingratum hominem dixeris. (Cic.)

Lopez n'habitait qu'une chaumière; mais elle était située sous le beau ciel de l'Andalousie, dans le petit royaume de Jaen, au pied fleuri des montagnes de la Sierra-Morena; et sa fille Inésille, son unique enfant, sa bonne, sa belle, sa chère Inésille l'habitait avec lui. Il ne regrettait rien de sa richesse passée, que le pouvoir d'achever la brillante éducation de sa fille, interrompue par ses malheurs. « Inésile, lui disait-il, au temps de ma prospérité, j'ai souvent fait du bien, et nul ne vient à mon secours; la générosité n'habite que rarement dans le cœur de l'homme. — Le grand nombre d'ingrats semblerait prouver le contraire, lui répondit Inésille. — L'ingratitude serait moins commune si l'on savait placer ses bienfaits; mais les hommes riches et puissans, entourés sans cesse de valets, de flatteurs, d'intrigans, ne sauraient percer cette foule esclave, pour porter à l'indigence vertueuse un noble bienfait qui secourût sans avilir. *On devrait avant d'obliger, bien connaître ceux que l'on oblige.* — On écoute son cœur et l'on se trompe; c'est ainsi que vous avez souvent fait vous-même. — J'eus tort!... » Il allait poursuivre, lorsqu'un coup de tonnerre se fit entendre; un violent orage se préparait, et Lopez, oubliant aussitôt les bienfaiteurs et les ingrats, courut ouvrir la grande porte de sa cour, afin que les voyageurs, surpris par la bourrasque, pussent trouver un asile sous son hangar, et prévenir le torrent qui déjà commençait à rouler bruyamment dans tous les ravins de la montagne.

Un brillant équipage, attelé de six mules, entra tout à coup. Don Fernand en descendit, fit placer ses montures et ses valets sous le hangar, et se présenta à la porte de la chaumière de Lopez. Inésille ouvrit, et don Fernand s'étonna vivement de rencontrer sous le chaume une taille aussi légère et des traits aussi distingués. L'aspect noble de Lopez ne sembla pas moins les surprendre; son étonnement, ses questions pressantes, l'intérêt qu'il semblait prendre à leur situation, engagèrent celui-ci à lui raconter ses malheurs. Fernand l'écouta jusqu'au bout avec une profonde attention.

« Par l'épée du Cid! s'écria-t-il les larmes aux yeux, je remercie mon divin patron de m'avoir conduit dans cette demeure : grâces en soient rendues au ciel comme à l'orage! Lopez, je suis riche et mon cœur est sensible ; vous ne rejetterez point l'offre que je vais vous faire ; tôt ou tard votre fortune doit vous être rendue ; daignez être mon débiteur... — Je ne désire rien pour moi, dit Lopez ; mais mon Inésille, encore à la fleur de son âge, est cependant depuis long-temps privée des semences utiles d'une instruction salutaire, des caresses d'une compagne, des soins d'une mère ; car il est de ces soins que le père le plus tendre ne peut remplacer. — J'ai une tante, répondit Fernand, qui habite Cazorla avec ses deux filles, toutes deux à peu près de l'âge de votre Inésille. Cette famille où vous trouverez réunies une bonté inépuisable, une religion éclairée, une instruction solide et variée, privée des dons de la fortune, ne vit que d'une modique pension que ses vertus, l'humanité, la parenté, m'imposent le devoir de lui faire. Cazorla est située non loin d'ici, sur les bords du Véga, dans un emplacement délicieux; allez vous-même en mon nom trouver ma noble parente et lui confier votre Inésille... » Lopez ne le laissa point achever, lui saisit les mains et les arrosa des larmes de la reconnaissance.

Bientôt, Inésille conduite par son père chez la tante de Fernand, y reçut l'accueil le plus amical et le plus tendre; et Lopez, désabusé de ses préventions à l'égard des hommes, regagna sa chaumière, content de lui-même et des autres, se promettant bien de ne plus calomnier l'espèce humaine, et d'aller souvent voir sa fille.

Un jour, il pensait à Fernand, à sa générosité délicate, lorsqu'en promenant les yeux autour de son habitation, il vit sur un arbre peu élevé, une pauvre petite colombe orpheline, à peine couverte d'un léger duvet, et qui, comme abandonnée de la nature entière, remplissait son nid désert de douces lamentations. Au même instant, des sommets de la Sierra-Morena, un oiseau de proie, c'était un vautour, déployant ses ailes immenses, dirigea son vol vers la plaintive colombelle, et plana quelque temps sur l'arbre qui soutenait son berceau. Lopez cherchait déjà les moyens de secourir l'innocente volatile, lorsqu'il crut s'apercevoir qu'à l'aspect du vautour, la petite colombe, cessant ses lamentations, semblait s'ébattre joyeusement dans son nid, et tendre vers lui son bec entr'ouvert. Effectivement, il vit bientôt l'oiseau terrible descendre doucement, chargé d'un butin précieux, vers sa jeune protégée, et lui prodiguer une nourriture convenable et choisie, avec un soin, une attention inconnus aux vautours vulgaires.

« O merveille! s'écria le bonhomme

Lopez; quelle était mon injustice et mon aveuglement! je refusais de croire à la bienfaisance, et elle existe même chez les vautours! » Il ne se lassait point de contempler un spectacle si touchant; et chaque jour il revenait pour le contempler de nouveau; c'était là pour lui un sujet d'innombrables réflexions : il se plaisait à voir l'innocence croître sous l'aile de la force, le faible secouru par le puissant; bientôt ses idées, par un enchaînement naturel, le reportaient vers Cazorla, où sa douce Inésille aussi vivait heureuse, sous la protection d'un riche, d'un puissant du monde, et il rentrait chez lui en bénissant don Fernand et le vautour.

Déjà la gentille colombelle commençait à se couvrir de plumes argentées; déjà, de branche en branche, elle essayait son vol timide sur l'arbre natal; son bec durci, plus acéré, saisissait déjà les alimens avec facilité. Un jour, le vautour vint lui apporter sa pâture accoutumée : il examina attentivement son élève, la trouva grasse, appétissante, comme il la voulait enfin, et la dévora. Lopez en fut témoin : il en resta *esbahi et perplex*, comme Gargantua à la mort de sa femme Badebec. Miséricorde! s'écria-t-il, que vois-je? (Le bonhomme s'étonnait de ce qu'un vautour mangeait une colombe, quand le contraire seul eût été surnaturel.) Mais l'idée de sa fille lui revint aussitôt dans la mémoire : « Mon Inésille, ma colombe, se dit-il, est aussi sous la protection d'un vautour, d'un grand seigneur, d'un homme de proie enfin; ah! ne perdons pas un instant.... » Et pendant la route il répéta cent fois : « *On devrait, avant d'accepter un bienfait, prendre de bonnes informations sur ceux qui nous l'accordent : les protecteurs et les protégés ne devraient s'adopter que d'après de mutuels renseignemens.* » Et ce disant, il arriva tout essoufflé à Cazorla, courut au logis qu'habitait sa fille..... Hélas!

L'ENFANT DU SORCIER.

(SUÈDE.)

L'ENFANT DU SORCIER.

> Si l'homme arrivait au point de perfection dont on le croit susceptible, ses rapports avec le reste de la nature cesseraient aussitôt. (ARISTOTE, *Rhét.*, *liv.* 3, *ch.* I.)

Le célèbre nécromancien Maugis laissa une partie de ses secrets à l'un de ses disciples, nommé Sirvax, qui bientôt étonna les écoles astrologiques de Séville et de Tolède, par sa science profonde dans la double magie, et surtout par l'audace de ses tentatives. « Les sciences transcendantes et sublimes que nous nous faisons gloire de cultiver, dit-il un jour aux initiés d'Hermès, renfermés avec lui dans la caverne de Salamanque, n'atteindront jamais le sommet de la colonne lumineuse tant que les sens de l'homme, seuls instrumens avec lesquels il puisse analyser et décomposer les objets, ne seront pas eux-mêmes arrivés à une délicatesse plus exquise. Dieu, dans le grand œuvre, à pris pour aide le hasard; il se contenta de disperser sur la terre les germes des créatures humaines; la matière a fait le reste. Les différentes combinaisons des métaux et des terres primitives ont formé l'enveloppe des premiers individus, et produit les variétés existantes dans notre race débile. Les mêmes germes ont formé les nègres et les blancs, les Circassiens et les Lapons; mais les instincts aveugles de la matière brute ont diversifié leurs formes et renfermé le rudiment céleste de l'homme dans une prison étroite et incommode, où sa raison et ses sens ne peuvent se développer. Le hasard enfin a paralysé le premier jet de l'intelligence suprême. Depuis ce temps, les enfans sont nés avec les infirmités de leurs pères, et les sciences menacent de s'arrêter devant la barrière que leur oppose la faiblesse de nos organes. Je veux ouvrir au génie et à la raison une route sans limites ! Je veux recréer l'homme, forcer l'argile insensible de s'animer sous mes mains, et donner à la pensée humaine, non un cachot misérable pour demeure, mais un vaste palais où elle régnera sans entraves. »

Un léger murmure s'éleva dans l'assemblée; mais Sirvax, relevant fièrement la tête, s'écria : « Je l'ai dit! une nouvelle famille d'êtres plus nobles et plus parfaits que nous, me devra l'existence. Et qui s'y opposerait? Le soleil ne luit-il point maintenant comme aux premiers jours du monde, et le grand Maugis aurait-il laissé à son élève sa science sublime et mystérieuse, pour qu'elle restât esclave et stérile en son pouvoir? »

Tout entier à son projet, il quitta bientôt l'Espagne et se retira dans une des îles nombreuses et désertes qui couvrent le lac Meler. La Suède, riche en métaux, en productions minérales, lui sembla le pays le plus propre aux expériences qu'il méditait. Plusieurs années s'écoulèrent sans qu'on entendît parler de lui; puis tout à coup le bruit se répandit que, par la puissance de son art, un homme était né sans avoir été conçu dans le sein d'une femme. Curieux de vérifier un semblable phénomène, je m'embarquai sur la Baltique, remontai le Meler, et, après avoir laissé derrière moi ces roches énormes où depuis s'éleva Stockholm, je visitai presque toutes les îles qui couvrent la surface du lac, et découvris enfin celle qu'habitaient Sirvax et son enfant magique.

Sirvax était sur le rivage; en me voyant il prit un air de tristesse et de contrainte qui m'étonna: « Eh bien, lui dis-je, vous avez donc réussi? — Oui, me répondit-il;

il vit.... il pense.... il parle ; vous le verrez et le jugerez ; » et son front se rembrunit de nouveau. Il sembla prendre alors le chemin de son habitation, et je le suivis en l'accablant de questions ; voici ce que je retins de ses réponses :

« Vingt fois des cendres humaines, des ossemens desséchés, la liqueur noirâtre des vieux sépulcres ont passé dans mes creusets, ont été décomposés par moi.... L'enveloppe de l'homme est la même que celle des cailloux.

« Le *magicum carmen* est le dépôt des hautes sciences ; mais les sciences sont mères de la vérité qui nous éclaire, et de l'orgueil qui nous égare. J'avais remarqué dans l'île de Malte un rocher frappé aux trois époques sacrées du jour par les rayons du soleil, auxquels sans doute il doit son existence ; car la lumière a fait le monde. J'en détachai des fragmens, qui, broyés, mélangés par moi avec les fluides gazeux les plus purs, prirent une forme.... Hélas! il le faut avouer, les proportions et l'arrangement des organes de l'homme révèlent encore une sublime intelligence; j'en ai douté et j'ai blasphémé. J'ai consumé cinq ans de ma vie à vouloir changer ces dispositions et à donner à mon œuvre plus de perfection et d'harmonie dans les mouvemens; je n'ai fait qu'errer pendant cinq ans. Les bras devaient être ainsi placés pour protéger les sources de la vie, renfermées dans la poitrine; pour porter devant les yeux les objets qu'ils devaient contempler; à la bouche, la nourriture qu'elle devait recevoir. Cette dernière fonction satisfaisant au besoin qui se fait sentir le plus impérieusement chez l'homme, l'organe de l'odorat devait s'élever immédiatement au-dessus de celui de la nutrition, pour déguster même avant le palais; et les yeux, sentinelles actives, devaient encore surveiller les matières offertes à la bouche, afin qu'un corps hostile ne s'y glissât pas à l'insu de l'odorat.

« Mais si j'ai été forcé de respecter ces dispositions principales du corps humain, je crois du moins avoir trouvé le moyen de les perfectionner en les compliquant : aux moyens naturels de respiration de l'homme, j'ai ajouté au mien des artères aspirantes comme celles des oiseaux, des stigmates à l'instar de ceux des insectes, afin de donner à son sang une chaleur et une activité dont ses pensées doivent se ressentir. Nos yeux débiles ne peuvent distinguer les formes et les couleurs de trop près ni de trop loin ; les siens ont une si forte étendue de regard que trois lieues de distance ne l'arrêtent pas ; enfin j'ai donné à ses sens un tel développement que je dois tout attendre d'une raison dirigée par de pareils moteurs. —

Mais comment, lui dis-je, après avoir combiné tous les ressorts de ce corps, avez-vous pu y faire entrer la vie? — C'est là le secret de mon art, » répondit-il; puis déroulant devant moi un long parchemin couvert de caractères orientaux, et me les indiquant du doigt : « Le sang d'un jeune taureau étouffé au moment de ses premières amours, la liqueur de l'euphorbe et de la jusquiame, extraite en certain temps, eussent suffi à un autre pour faire intervenir l'aide du démon; le démon n'était point un hôte digne d'un tel logement. J'ai su contraindre une des intelligences qui habitent les mondes mixtes à venir habiter et diriger ma création matérielle. » Sirvax s'arrêta tout à coup à cette partie de son discours, puis, avec un long soupir, et reprenant son air rêveur : « Au surplus, vous en jugerez; mais faisons silence;

nous approchons de l'endroit où il repose; craignons de le réveiller trop brusquement ».

J'étais saisi d'une sorte de terreur que je ne pouvais expliquer, et comme averti par instinct d'un prochain danger. Bien que le bruit de nos pas se fît à peine entendre, un grognement sourd et prolongé nous salua aussitôt, puis parut devant moi un être difforme et gigantesque, soulevant avec peine une tête énorme qu'il balançait sur ses larges épaules; ses yeux, d'une couleur jaune et terreuse, semblaient ne lancer que des regards obliques; sa peau, pâle et blafarde, n'était nullement colorée par les mouvemens du sang; et ses cheveux, ou plutôt sa crinière, d'une teinte grisâtre, cachaient à peine deux larges oreilles qui, façonnées en conque, partageaient avec celles des lièvres la propriété de tourner sur elles-mêmes du côté d'où le bruit se faisait entendre. « Qui vient troubler mon repos? s'écria-t-il en tournant vers nous des yeux hagards : le jour n'est-il pas fait pour dormir ?—Taisez-vous, Mudloch, lui dit Sirvax, dont le front se couvrit d'une subite rougeur ; quel usage faites-vous de votre raison? Ne vous ai-je point déjà prouvé que l'exquise sensibilité de votre vue s'était seule, jusqu'à présent, opposée à ce que vous puissiez supporter les rayons du soleil comme les autres hommes. » Ici l'enfant du sorcier sembla saisi de transports frénétiques. « Faux raisonneur, lui dit-il, vous élevez la voix avec une telle force, que mes oreilles en sont déchirées. Le jour n'enfante que ténèbres, votre esprit n'enfante que mensonges. » Cela dit, il nous tourna le dos, sans même s'être aperçu de ma présence, et alla s'étendre de nouveau sur un énorme tas de bruyère.

« Ses sens l'abusent encore, murmura

Sirvax ; le temps les rectifiera ; mais quelle finesse d'odorat et d'ouïe ! pendant les ténèbres quelle sûreté de regard ! Il sent les émanations d'une fleur qui s'ouvre dans une des îles environnantes ; il entend bruire une feuille qui tombe à six cents pas de lui ; et, d'un coup de flèche, atteint un rossignol à une distance qui nous permettrait à peine de distinguer l'arbre sur lequel l'oiseau serait perché. »

Vers le soir, Mudloch vint frapper à l'habitation de Sirvax et demanda son déjeuner. « Mon ami, lui dit celui-ci, en modérant le son de sa voix, le repas du soir n'est point un déjeuner ; nous allons souper, vous souperez avec nous. — Déjeuner, c'est rompre le jeûne, répliqua Mudloch ; ma nuit vient de s'écouler ; le jour commence, je viens faire mon premier repas. Cessez donc de vouloir sans cesse me faire adopter des mots contraires à mes idées. Les sens sont les organes de l'intelligence, comme vous me l'avez appris vous-même; vous convenez que les miens ont une perfection à laquelle vous ne pouvez atteindre; ma raison est donc supérieure à la vôtre; avouez l'insuffisance de vos moyens, servez-moi à déjeuner, et déjeunez avec moi si vous le jugez à propos. » Un énorme saumon du Halland fut mis devant lui; mais, après y avoir goûté, il l'éloigna bien vite, en se plaignant de sa trop forte saveur. J'en mangeai; il me sembla presque fade.

Cependant je sus m'attirer la confiance de Mudloch en ne prenant point parti contre lui. Après le repas, je l'accompagnai presque à tâtons dans sa course nocturne; trois nuits entières je me fis le compagnon de cet homme des ténèbres, dont je voulais connaître l'existence. Sa vue avait une portée prodigieuse; mais les espaces intermédiaires lui échappaient; il ne voyait bien que ce qu'il ne pouvait toucher ; le parfum d'une fleur semblait donner un ébranlement douloureux à tout son corps, et le moindre bruit tenait son esprit en suspens. Il concevait, d'après ses sens, l'espace, le nombre, la figure et le mouvement; mais les causes occultes, le possible, l'instinct, l'avenir, les subites révélations de l'ame, tout lui échappait. Sa pensée ne s'élançait point hors de la sphère d'un froid raisonnement basé sur les sensations extérieures. Ses organes renfermaient toute son intelligence, abusée par eux. C'était un corps où il manquait une ame, une raison privée d'instinct. Sans prévoyance, sans enthousiasme, sans imagination, déshérité de sa partie divine, de ses idées venues du ciel, c'était l'homme tel que Locke nous l'a présenté depuis, c'était l'homme de la science, l'homme de l'homme enfin.

« Que pensez-vous de lui et de moi ? me dit un jour Sirvax. — Je pense, lui répondis-je, que pour achever votre ouvrage, il vous faut maintenant faire un nouveau monde pour votre nouvel homme; mais n'espérez jamais voir cette terre de votre création ombragée par les rameaux de l'arbre du génie. La raison seule n'invente et ne découvre rien; votre Mudloch est privé de toute espèce d'imagination; et, même dans les sciences physiques, c'est par cette faculté qu'on arrive aux plus hautes vérités. On commence par inventer; et lorsque par l'expérience et le raisonnement, moyens de vérification, on est parvenu à donner des bases et des appuis à son système, on croit l'avoir découvert; on l'a créé. L'instinct et l'imagination sont chez l'homme comme les souvenirs d'une première existence, comme les émanations de ce monde de lumière qu'il habita sans doute jadis : il doit à l'un ses vertus naturelles, à l'autre toute l'étendue de son génie et sa prééminence sur les autres êtres de la création; votre Mudloch, fils de la matière, ne peut posséder aucune de ces deux sublimes facultés. »

Tandis que je m'entretenais ainsi sur un des rivages de l'île, avec Sirvax, qui cherchait à combattre l'opinion désavantageuse que j'avais conçue de son favori, nous vîmes s'approcher du bord un petit bâtiment d'où s'élancèrent bientôt plusieurs hommes et une femme jeune et belle. Sirvax paraissait désolé de ce nouveau surcroît de population pour son île. « Remerciez au contraire la Providence, lui dis-je; elle vous envoie aujourd'hui le plus sûr moyen d'éprouver de quelles sortes de sentimens humains peut être susceptible l'enfant de votre art. La vue d'une femme doit agir immédiatement sur son cœur et y développer des émotions jusqu'à présent assoupies. »

Nous allâmes au devant des nouveaux

débarqués; et Sirvax reconnut en eux quelques uns de ses amis de Salamanque, curieux, ainsi que moi, de vérifier la réalité de ses promesses.

La nuit nous ramena bientôt Mudloch; à la vue de la jeune femme, il ne témoigna ni entraînement, ni surprise; son cœur resta froid, sa figure impassible; seulement son regard méprisant semblait lui reprocher d'être le plus faible des individus qui l'environnaient.

Nos philosophes de Salamanque eurent bientôt, par leurs questions multipliées, mis Mudloch à même d'expliquer la théorie de ses sensations. Tous parurent d'abord grandement surpris de la bizarrerie de ses idées; mais lorsqu'il en vint à invoquer la supériorité de ses organes sur ceux des autres hommes, qu'il leur cita en sa faveur les propres axiômes de leur école, *intellectus in sensu*, plusieurs commencèrent à douter. Cependant il leur semblait encore difficile d'admettre que le jour fût consacré au sommeil et à l'obscurité. L'un d'entre eux disait : « C'est pendant le jour que l'oiseau chante, que la fleur s'entr'ouvre; le soleil est le flambeau de la nature; tout ce qui végète ou qui respire se ranime, se vivifie et se guide à sa clarté. — Sophismes absurdes! s'écria Mudloch; la faible clarté du jour peut suffire à votre faible vue, éblouie par le lumineux éclat de la nuit. Le soleil dispense la chaleur, la lune dispense la lumière; la chaleur détend les fibres du corps, affaiblit les idées et invite au repos; qui pourrait nier ces vérités incontestables? La nuit ranime les fleurs que le soleil flétrit; c'est pendant la nuit qu'elles exhalent tous leurs parfums; que des myriades de papillons, plus nombreux que ceux du jour, voltigent autour d'elles; c'est pendant la nuit que chante le rossignol, que s'agitent les races les plus nobles entre les oiseaux; l'ours, le sanglier, le lamanoir et des milliers d'animaux n'errent-ils point la nuit dans nos forêts? De quel droit tout juger par vous-mêmes? l'orfraie et le hibou n'ont-ils point d'aussi bons yeux que la fauvette et le pinson? Oseriez-vous comparer votre vue à la mienne? Abjurez donc d'antiques erreurs; la lune seule est le flambeau de la nature; tout ce qui respire se ranime, se vivifie et se guide à sa clarté.»

La balance commença fortement à pencher en faveur du nouveau discoureur. Le conciliabule se tenait alors dans l'obscurité, et nos sages ne s'étonnaient plus que de n'y point voir. Les influences magiques de la lune et des ténèbres sur l'esprit des mortels et sur les hôtes des tombeaux se retraçaient à leur pensée, et venaient renforcer les systèmes de l'homme sans mère en faveur de la nuit. Sirvax, chez lequel l'orgueil subjuguait déjà la raison, paraissait triomphant, et s'adressant à ses confrères : « Peut-être mes promesses seront-elles accomplies, dit-il, et qu'une nouvelle ère commence pour la science; ne précipitons point nos jugemens; examinons avant de décider; j'essaierai d'y voir la nuit, autant que mes faibles moyens pourront me le permettre. Il me semble même que mon œil, moins abusé, distingue les objets dans l'obscurité qui nous environne..... » Et tandis que cette famille cabalistique discutait ainsi en faveur des ténèbres et de l'intelligence sensuelle, la jeune femme, qui s'était retirée aux approches du soir, rentra, portant à la main une branche enflammée de pin résineux. Mudloch, ébloui, furieux, se levait vers elle avec un geste menaçant, lorsque Sirvax se jeta au-devant de ses pas : « Qu'allez-vous faire? porter la main sur une femme!.... — Qu'est-ce qu'une femme? reprit le monstre. Quoi! serait-ce donc là cette compagne de l'homme dont vous m'avez parlé? S'il en est ainsi, cette femme est à moi...... — Que dit-il? s'écrièrent à la fois tous les spectateurs de cette scène, saisis de terreur. — Elle ne peut encore vous appartenir, ajouta le disciple de Maugis : la société nous impose des lois qu'il faut respecter. — Que m'importe la société? dit Mudloch en rugissant de fureur; je ne connais de lois que celles que m'imposent mes sens, organes de ma raison.— Mais cette femme vous aime-t-elle? peut-elle vous aimer? — Je ne connais point l'amour et n'en exige point. L'habitant des forêts parle-t-il d'amour lorsqu'il retient sa compagne indocile sous ses ongles tranchans? La société! l'amour! mots barbares inventés pour paralyser la raison et la force! Elle est à moi, vous dis-je; les contrées d'où vous sortez en doivent produire d'autres pour vous; seule de son espèce dans cette île où je suis né, elle est à moi! » et les yeux remplis d'une flamme sombre, la crinière hérissée, avec des mouvemens convulsifs, il s'avançait vers la pauvre créature pâle et mourante. Je me précipitai vers elle et la pris dans mes bras, tandis que Sirvax s'emparant du pin allumé qu'elle soutenait encore, le présenta à la face du monstre, et le força de reculer devant sa clarté.

Nous étions parvenus à calmer les terreurs de la jeune femme, et cherchions un endroit qui nous mît, jusqu'au jour, à l'abri des nouvelles tentatives de Mudloch, lorsque nous nous aperçûmes que Sirvax n'était point de retour vers nous. Inquiets sur son sort, nous résolûmes d'aller à sa recherche, munis d'armes et de flambeaux. Des cris aigus nous eurent bientôt guidés vers une partie de l'île où le malheureux sorcier, enchaîné à un arbre, était accablé de malédictions et de coups par l'enfant de son art, qui lui reprochait de mettre obstacle à ses désirs naturels et raisonnables. Mudloch nous voyant armés, parut effrayé et voulut fuir; nous l'arrêtâmes pour lui reprocher le traitement infâme qu'il avait fait subir à son bienfaiteur, à l'auteur de son existence. Un sourire infernal parut sur ses lèvres. « Que lui dois-je? nous dit-il; m'a-t-il créé pour moi?.... Quel pacte ai-je pu conclure avant d'être né? J'ai servi ses projets en faisant usage de ses dons; qu'exige-t-il de plus? N'est-il point lui-même mon obligé? Qu'il triomphe aujourd'hui, puisqu'il voit que ma raison a suffi pour convertir la vôtre, que ma force a vaincu la sienne. Sans vous, il subissait le châtiment que mérite tout être en contradiction avec lui-même, tout être assez cruel pour nuire à son propre ouvrage, pour arrêter des effets dont il est la cause première. Il sait maintenant ma volonté; il connaît ma force et mon adresse; qu'il me satisfasse ou qu'il tremble! » En achevant ces mots, il s'enfonça rapidement dans les ténèbres et disparut.

« Voilà donc les résultats de cette raison supérieure dont vous vouliez faire la base de votre science nouvelle? dis-je à Sirvax; croyez-moi, abandonnons au plus tôt cette île fatale, et laissons cette brute à face humaine, ce véritable lycanthrope, ensevelir sa barbare intelligence dans cette solitude. » Il résistait; nous l'entraînâmes vers nos barques, toujours attachées au rivage. « Non! s'écria bientôt le malheureux sorcier en s'arrachant de nos bras; je veux le voir encore! C'est mon fils! c'est mon œuvre! Il se repent déjà sans doute.... » et, comme il achevait ces mots, un rire effroyable partit à une grande distance derrière nous : Sirvax venait de tomber à nos pieds, percé d'un dard. Nous oubliâmes tous le danger pour l'entourer des plus tendres soins; mais son sang s'échappait à flots; sa blessure était mortelle, et lui-même nous ordonna de ne plus songer qu'à notre propre sûreté. « Suis-je puni d'avoir trop osé! Est-ce donc pour notre bonheur que la nature a donné des bornes à nos sens et couvert ses desseins d'un voile d'airain ? » dit-il en attachant ses yeux à la terre. Puis, après un moment de silence : « Je devine.... Dieu soit loué! » et son dernier soupir s'exhala.

Saisis d'horreur et de pitié, nous quittâmes cette rive ensanglantée, et mes compagnons retournèrent bientôt à Salamanque, effrayer par ce récit tous les sectateurs d'Hermès, qui, depuis la réussite prétendue de Sirvax, ne s'occupaient plus qu'à refaire des hommes et à corriger les imparfaits ouvrages de Dieu.

On dit que Mudloch parvint à traverser le Meler, qu'il parcourut plusieurs contrées, toujours en guerre contre les lois protectrices de la société et les plus doux instincts de la nature; qu'enfin, las des autres et de lui-même, il voulut visiter les rochers de Malte d'où il avait été tiré, et y termina volontairement ses jours, sans remords du passé, sans espoir de l'avenir. Son corps ne subit point les effets de la dissolution charnelle; par un phénomène singulier, il retourna à son état primitif, en conservant sa forme hideuse et terrible; et le Maltais montre encore aujourd'hui au voyageur ce cadavre pétrifié, séparé du roc, suspendu sur les abîmes de la mer, et qu'on désigne vulgairement sous le nom de *il fratre impiccato*.

On dit de plus que, dans le cours de sa vie errante, il devint père, et que sa race monstrueuse prit un accroissement rapide. De lui sont descendus, à ce que certifient les mêmes rapports, cette foule d'hommes qui prend les ténèbres pour la clarté; ces êtres privés d'instinct et d'imagination qui se glorifient de jouir d'une raison mécanique, d'une sensibilité minéralogique; cette multitude d'athées, de matérialistes, qui, comme l'auteur de leur origine, privés sans doute d'une ame, s'obstinent à en refuser une aux autres hommes. On dit cela; j'ai peine à le croire.

SÉTHOS ET CLÉOPHAS.

(GRÈCE.)

SÉTHOS ET CLÉOPHAS.

Sur les bords d'une fontaine, ou sur les rives du Gange, on ne peut toujours que remplir sa coupe et satisfaire à sa soif.
(*Philosophie indienne.*)

DANS l'Hermionide, non loin des monts Pronos, vivaient deux amis, Séthos et Cléophas. Un champ cultivé par leurs mains, de modiques revenus provenant d'une carrière située dans l'île de Calaurie, composaient toute leur fortune. Ils bénissaient cependant les dieux; et si plus on aime plus on doit sentir le bonheur, Cléophas était le plus heureux des deux, car Séthos n'aimait que Cléophas, et celui-ci à sa tendresse pour Séthos, joignait encore l'amour le plus vif pour Cléone, la sœur de son ami.

Qui croirait qu'avec tant de raisons

d'être content de son sort, il osa former le projet de se séparer de ceux qui lui étaient si chers ? « Qu'est-ce que la fortune? disait un jour Séthos. La modération de nos désirs ne nous rend-elle pas aussi riches que Périclès d'Athènes lui-même ? —Oui, répondit Cléophas ; mais mon mariage avec ta sœur diminuera notre aisance. — En augmentant notre bonheur, répliqua Séthos; car se voir revivre dans de petits êtres charmans, pleins d'innocence et de candeur, n'est-ce pas un motif de plus pour se réjouir? et les dieux ne veillent-ils pas sur les berceaux? — Mais, Séthos, il faut prévoir les malheurs, les années de stérilité, les mauvais débiteurs, la vieillesse, les infirmités. Écoute : les songes trompent rarement; et cette nuit mon oncle Polyclète de Thasos m'est apparu; après m'avoir reproché mon peu d'ambition, et offert de m'associer au commerce considérable qu'il fait dans

Athènes, il étala devant moi les riches tapis de Carthage et de Milet, l'ivoire de la Libye, les fourrures de Cyrène et de Panticapée; la vue de ces richesses enflamma mes regards, et lorsque je m'éveillai, un fort éternument, présage de bonheur (1), comme tu le sais, vint pour ainsi dire appuyer de l'avis des dieux les prières de mon oncle. Je partirai donc pour Athènes. Il nous faut si peu de chose de plus pour être parfaitement heureux; ma petite fortune sera bientôt faite, et alors je reviendrai dans ces lieux pour ne plus vous quitter. » Il partit en effet; la pauvre Cléone, qu'il s'efforçait de convaincre de la nécessité de son voyage, pleura et cacha ses larmes; et quand pour le voir s'embarquer sur la mer Saronique, ils passèrent près du temple de Cérès-

(1) Les Égyptiens avaient la même croyance a ce sujet.

Thermésie, Séthos l'étreignant vivement dans ses bras, lui dit d'une voix étouffée par les sanglots : « Ami, j'atteste la déesse qui préside à ton départ, que dès ce moment, pour abréger les jours de ton absence, moi aussi je vais courir après la fortune : le premier de nous deux qui l'atteindra arrêtera l'autre dans sa course, et nous ne songerons plus alors qu'à vivre pour le bonheur. » Le vaisseau s'éloigna; Séthos et Cléone, immobiles et silencieux, le suivirent long-temps des yeux, et quand ils l'eurent perdu de vue, ils se jetèrent dans les bras l'un de l'autre, et recommencèrent à pleurer.

Polyclète accueillit son neveu avec amitié, lui fit voir les richesses et les monumens d'Athènes; le conduisit successivement aux temples de Thésée, de Minerve, d'Apollon-Patroûs, aux Propylées, à l'Odéum, au Cynosarge, au théâtre de Bacchus, etc. D'abord Cléophas vit ces merveilles sans étonnement : élevé dans un pays presque sauvage, son goût n'était point encore assez formé pour sentir et pour apprécier les produits des arts. Les doux souvenirs qu'il avait laissés dans l'Hermionide embellissaient encore tellement cette contrée à ses yeux, qu'il lui semblait que le temple sublime du Parthénon pouvait égaler à peine celui de Cérès-Thermésie, et que la Minerve de Phidias devait moins inspirer de respect que la statue du dieu Pan, grossièrement sculptée en bois près du promontoire de Bucéphale. O combien le Céphise était loin d'avoir pour lui le doux murmure des flots de l'Hylycus !

Peu à peu, cependant, ses yeux s'accoutumèrent à distinguer ces formes pures et suaves, chefs-d'œuvre du ciseau grec ; les riches colonnades du Parthénon reparurent devant ses regards plus exercés dans toute leur majesté pleine d'harmonie. Il admira, se passionna même pour la sculpture et la peinture, fréquenta les ateliers des artistes, jugea hautement leurs ouvrages, et, comme toute la jeunesse opulente d'Athènes, prit violemment parti pour ou contre Parrhasius ou Zeuxis.

Cependant Polyclète, dépositaire de la petite fortune de Cléophas, l'avait considérablement augmentée en la faisant valoir dans ses entreprises commerciales; mais les idées de celui-ci avaient pris le même accroissement que son trésor. Ce n'était plus dans la simple habitation du mont Pronos qu'il devait trouver le bonheur avec Cléone; c'était dans une élégante retraite située sur les bords de l'Illyssus, décorée par un élève de Phidias avec les marbres du Marpesse ou du Pentélique. Il prolongea donc encore son séjour dans Athènes, occupa même un emploi dans la maison de Polyclète, et satisfit à la fois à son double désir de s'enrichir et de se perfectionner dans la connaissance des arts.

Parmi ses nouveaux amis, il en était un presque aussi renommé qu'Alcibiade pour l'élégance de ses manières et la richesse de ses vêtemens; il inspira à Cléophas le goût du luxe et des plaisirs, et l'introduisit bientôt dans ces sociétés séduisantes où tout ce qu'Athènes renfermait de puissant et d'illustre parmi la jeunesse, et même parmi les hommes de guerre et les philosophes, se rassemblait autour de ces belles Ioniennes attirées par Aspasie dans l'Attique, pour adoucir et corrompre les mœurs. La première fois qu'il eut accès dans ces palais somptueux et qu'il y fut témoin de ces conversations piquantes, tour à tour pleines d'enjouement, d'atticisme et de philosophie, sa pensée se reporta encore vers Séthos et Cléone; il eût voulu les voir, attirés dans ces cercles brillans, y jouir des mêmes plaisirs et des mêmes surprises que lui. Mais bientôt il se figurait le bon Séthos avec sa tunique et son manteau de laine grossière, et la candide Cléone le front couvert d'un chapeau tissu d'écorce de tilleul, au milieu de ces hommes habillés de pourpre et de soie, et de ces femmes élégantes, dont les cheveux bouclés et inondés de poudre jaune étaient assujettis par de riches bandelettes, ou emprisonnés dans des réseaux d'or; et il sentait en lui-même, avec un mortel déplaisir, que la vue de ses amis ne lui causerait alors que honte et que confusion.

Insensiblement il prit les mœurs et les habitudes des jeunes gens qu'il fréquentait le plus; il s'accoutuma à regarder la richesse comme la première condition du bonheur; il donna le nom d'amitié à cette complicité de débauche qu'il contractait avec de jeunes insensés à peine connus de lui; et déjà, sans que le souvenir de Cléone fût entièrement effacé de son cœur, sa raison abrutie se révoltait presque de penser qu'une jeune fille, sans autres moyens de séduction que sa beauté naïve, sa franchise et son amour, eût pu soumettre un disciple d'Alcibiade et d'Aspasie.

Sur ces entrefaites, Polyclète mourut laissant à son fils unique des biens considérables, et à Cléophas les profits énormes qu'il avait faits pour lui depuis son séjour à Athènes. Cléophas n'oublia pas alors qu'un engagement sacré le rappelait dans l'Hermionide; « Mais, se disait-il, le mois anthestérion approche, il ramène la grande fête des morts, et j'y dois rendre de nouveaux honneurs à la mémoire de mon oncle et de mon bienfaiteur; c'est un devoir prescrit par la nature et la reconnaissance. » Il séjourna donc encore dans l'Attique, et, pour se distraire de sa douleur récente, il ouvrit sa maison à la foule oisive de ses compagnons de plaisirs; ce ne furent plus bientôt que danses et festins, et ce sobre Cléophas qui naguère ne se nourrissait que du produit de sa chasse, des fruits de son jardin, du miel de ses abeilles, la coupe en main, couché sur un lit voluptueux, au milieu de nombreux convives, couronné de lierre ou de fleurs, voyait sa table se couvrir des mets les plus recherchés; de sardines de Phalère, d'huîtres du lac Lucrin, d'olives colymbades. Les oiseaux du Phase, les chevreuils de Mélos, les plats de sauterelles, si estimés des Athéniens, la dorade, le xiphias et l'anguille du lac Copaïs, assaisonnés de cumin, de silphium et d'origan, lui semblaient à peine dignes de paraître devant ses hôtes qui s'enivraient avec lui des vins de Thasos, de Mendé, de Chio, de Corcyre et de Lesbos. Le repas achevé, après avoir parcouru la route du Pirée et le Céramique intérieur, dans un char attelé de quatre chevaux blancs de Sicyone, il rentrait et jouait, souvent avec bonheur, de grosses sommes d'argent aux dés ou aux osselets.

Mais bientôt il sentit la nécessité de réformer son luxe; le jeu ne lui fut plus favorable; ses faux amis, après lui avoir fait de forts emprunts, cessèrent de le voir; la médisance même s'empara de ses défauts pour en faire des vices honteux. Le néocore du temple de Thésée, qu'il avait refusé d'admettre à ses festins, l'accusa hautement d'impiété envers ses dieux mânes, pour avoir avancé que l'homme n'était doué que d'un corps et d'une ame, et que le simulacre n'habitait pas plus la porte des enfers que l'ombre ne veillait autour du sépulcre. Il était étranger; il se sentit alors sans protecteurs et sans amis, et, après avoir rassemblé à la hâte les faibles débris de sa fortune, il s'enfuit d'Athènes.

Embarqué au Pirée, il gagna rapidement l'île d'Égine, et comme il descendait de son navire, il vit près du port un homme qui se disposait à en monter un autre pour se rendre à Athènes. C'était Séthos. Cléophas, entraîné par son cœur, retenu par la honte, ne savait s'il devait se montrer ou se cacher aux yeux de son ami, lorsque celui-ci l'aperçut. « J'allais te chercher, s'écria-t-il. Les dieux nous ont donc enfin rapprochés pour ne plus nous désunir! Mon ami! mon frère! mon Cléophas! bénissons de nouveau ces dieux qui ont semblé vouloir me consoler de ton absence en redoublant leurs bienfaits. — C'est pour moi seul qu'ils ont réservé leurs rigueurs; je suis ruiné, Séthos. — Eh bien! qu'importe, ami; moi, je suis riche, riche pour nous deux; j'ai vendu la carrière de Calaurie; de son produit j'ai grandement augmenté le nombre de mes terres, et Cérès a béni mes travaux;

je suis riche enfin, et j'allais te rejoindre pour te faire partager mon bonheur. — Je n'accepterai point tes bienfaits, Séthos; tu es riche, je suis pauvre; l'égalité a cessé d'exister entre nous, et je n'abuserai pas de la bonté de ton cœur; mais, au nom de notre ancienne amitié, accorde-moi une place auprès de toi; fais-moi l'intendant de tes biens; lorsque par mon industrie et mon travail je croirai t'avoir rendu quelques services, alors seulement j'oserai te demander la main de Cléone, ta sœur. — Ton esprit s'égare, cher Cléophas; quelle fortune me supposes-tu donc pour implorer de moi l'intendance de mes biens? Peux-tu penser que j'eusse attendu jusque là avant de te rappeler auprès de moi! Je suis riche comme Séthos peut être riche; j'ai mille dragmes de revenu. — Mille dragmes! s'écria Cléophas; et tu te réjouis de ta richesse! Et moi qui en possède encore au moins le double, je me suis cru dans la misère! Mille dragmes, Séthos! ce mot vient de me révéler tous mes malheurs. Ce sont mes vices qui font ma détresse; ce sont tes vertus qui font ton opulence. Fidèle à l'amitié, modéré dans tes désirs, tu es encore le bon et le sage Séthos de l'Hermionide; mais moi, l'éclat et les plaisirs d'Athènes ont flétri ma jeunesse, corrompu mon cœur, agrandi la sphère de mes besoins sans ajouter à mon bonheur; je n'ai su apprécier ni l'amitié, ni la fortune, et je les possédais toutes deux! mais je les possède encore; Séthos, tu seras mon guide, mon modèle; et je conçois enfin aujourd'hui qu'un désir réprimé, un mauvais penchant vaincu ajoutent à notre richesse plus que mille dragmes d'argent! »

LE

POÈTE DE L'HELLÉNIE.

(GRÈCE MODERNE.)

LE

POÈTE DE L'HELLÉNIE.

La jeunesse est toute flamme, tout discours. Combien souvent ses actions répondent peu à ses promeses! (CHARRON, *De la Sagesse.*)

Stultum est imperare cæteris, qui nescit sibi. (P. SYRUS.)

Puissé-je seulement vivre assez pour voir arracher aux barbares l'acropole d'Athènes, les Propylées et le Parthénon! (CHR. MULLER, *Voyage en Grèce.*)

UNE occasion favorable se présentait pour moi d'aller visiter la patrie des Aristide et des Périclès, et je la saisis avec empressement, ravi de pouvoir contempler encore ce berceau des arts et de la civilisation, ce vaste foyer de gloire et de génie, qui semble s'être épuisé en propageant autour de lui ses fécondes clartés.

J'arrivai dans l'Attique, pourvu d'une

lettre de recommandation pour le sage Rosli, l'un des citoyens les plus distingués de la ville d'Athènes, et de famille archontique. On me l'avait vanté comme poète et comme philosophe, et l'expérience vint bientôt me confirmer la véracité de ses apologistes. Mon guide fidèle dans toutes mes courses investigatrices, Rosli relevait de toute la puissance de ses souvenirs historiques et de la force de son imagination, ces restes mutilés d'une splendeur qui jadis éblouit le monde, et que nous apercevions gisante dans la poussière.

Des palais et des chaumières, en partie construits avec les débris des anciens monumens, venaient intéresser notre vue par ce mélange des différens ordres d'architecture mariés ensemble. Tous les temps, tous les auteurs, tous les chefs-d'œuvre confondus pêle-mêle dans ces constructions bizarres, plaisaient à l'imagination, même en l'attristant. «Le fronton de cette maison est de Phidias, me disait Rosli; les fondations de cette tour appartiennent aux Romains, et ces ailes pesantes dont on l'a surchargée rappellent le goût dégénéré du Bas-Empire, auquel vient ajouter encore le plâtrage moderne des Turcs; mais Damophon fit ces architraves, et ces pilastres élégans ont été tracés par Dinocrate. Ici, les colonnes du temple d'Apollon soutiennent le portique du palais de l'aga des janissaires, et ces statues, enlevées à l'autel de Diane, servent d'ornement au harem d'un pacha.»

Un jour je le pressai vivement de satisfaire à ma curiosité et à l'intérêt qu'il m'inspirait, en m'initiant dans le secret d'une de ses compositions poétiques. «J'y consens, me dit-il, mais évitons les regards; car ici la poésie est proscrite, comme sœur de la liberté. Les bardes pouvaient chanter hautement leurs héros morts sur des champs d'honneur, mais nos héros à nous meurent sur des échafauds, et quelquefois au bruit des malédictions de ceux qu'ils ont voulu délivrer. Je vous dirai les malheurs de ce jeune Oswali Nicétas, qui sacrifia tour à tour sa patrie à sa maîtresse, et sa maîtresse à sa patrie. Faible enfant, digne de pitié, quoique coupable envers l'amitié et l'amour, et qu'abusèrent également la tyrannie et la liberté. »

Nous cherchâmes la solitude et l'ombre, et allâmes nous asseoir sous des berceaux de chèvrefeuille qui couronnent les hauteurs de l'antique Lycabette. Devant nous les campagnes de l'Attique déployaient la beauté de leur site et la richesse de leur sol. Le mont Hymette, qui bornait l'horizon au levant, paraissait couvert de vapeurs enflammées ; à ses pieds serpentait doucement l'Illyssus, déchu de sa force et de sa splendeur, comme les murs qu'il arrosait jadis, et derrière nous, les jardins qui rappelaient Académus et surtout Platon, se montraient dominés par les clochers de Sainte-Euphémie, bâtis sur cette colline célèbre où l'OEdipe de Sophocle trouva la récompense de ses vertus et la fin de ses malheurs. Dorant de ses rayons obliques les temples de Jupiter, les mosquées de Mahomet, les églises des chrétiens, le soleil, qui se précipitait vers les bords du couchant, donnait encore à la nature le sentiment de la vie et de la fécondité. Rosli promena quelque temps ses regards sur ce tableau délicieux, soupira à la vue du croissant, qui surmonte le faîte des monumens publics, et fit entendre ces chants.

OSWALI NICÉTAS.

Réveillez-vous, filles de la Grèce, réveillez-vous ; car il faut que votre bouche répète à vos amans mes chants de liberté. Réveillez-vous, femmes d'Athènes, et réveillez vos époux endormis; écoutez mes chants, car vos enfans doivent un jour combattre pour la liberté.

Infortuné Nicétas, dernier descendant de Thrasybule, fatal aux tyrans, le soleil d'Athènes avait éclairé ton berceau, et tes pas, jeunes encore, s'étaient imprimés dans les neiges de la Germanie. Tu allais lui demander cette nourriture de l'ame, l'instruction, noble piédestal qui, pour le bien de tous, nous élève au-dessus des autres. Tu savais que la science et la vertu sont les nourrices de la liberté, et que l'antique Mytilène, pour prolonger l'esclavage de ses vaincus, ne leur imposait que l'ignorance.

Tu revins parmi nous, trop jeune sans doute; cependant le feu sacré de la patrie brûlait déjà dans ton cœur. Tu revis la Grèce, non plus telle que l'ont faite les musulmans, mais telle qu'elle fut jadis, telle que tu voulais la voir renaître; la cendre de ses héros frissonna sous tes pas. Exalté par de nobles souvenirs, dans tes rêves de gloire, devant toi, comme par enchantement, le Pirée recouvrait son enceinte formidable, le Parthénon se relevait majestueusement sur ses colonnes à demi brisées, et les anciens dieux de l'Hellénie accouraient en foule pour repeupler leurs temples déserts.

Pour toi, l'île de Cérigo était encore Cythère; Castri, Japora s'enorgueillissaient encore des noms de Delphes et de Parnasse; les montagnes de Télo-Vouni et de Vulcano, les rivières de Keuzler et de Sart conservaient leurs noms antiques et harmonieux de l'Hymette et de l'Ithôme, du Scamandre et du Pactole.

Nicétas trouva ses compagnons d'enfance accoutumés au joug, et le subissant presque avec résignation. A l'aspect du croissant, ils courbaient leur front humilié; et, sans honte, sans fureur, s'arrêtaient dans l'attitude du respect ou descendaient de leur monture à la vue d'un janissaire. Indigné : « Lâches! leur criait Nicétas, infidèles à vos pères, jetterez-vous sans cesse votre liberté aux pieds de vos tyrans? » Et ils répondaient : « Qu'est-ce qu'un tyran? qu'est-ce que la liberté? »

Au milieu des danses et des panégyris(1) d'Athènes, lorsque la rose et le bluet couronnaient leurs fronts pour en chasser les ennuis et le souvenir de l'oppression, la parole de Nicétas tombait sur eux comme

(1) Fêtes publiques.

la foudre. « Enfans joyeux d'une mère expirante, ne la vengerez-vous jamais ? Ne pouvez-vous du moins cacher sous vos fleurs le poignard d'Harmodius ? Vous rampez, vils Hellènes ; vous rampez en oubliant que Dieu a donné au reptile un dard pour se venger du superbe qui l'écrase. »

Le jeune Lambros seul comprit Oswali. Issu, ainsi que lui, de la plus illustre famille de la Livadie, il ne put supporter plus long-temps les reproches de son ami, de son parent. « Silence, lui dit-il un jour en le prenant à l'écart ; Achmet, qui gouverne Athènes, inquiet de sa puissance et craignant la révolte, n'a point encore osé être assez cruel pour qu'on puisse nous seconder en ces lieux. Adressons-nous à des Grecs plus malheureux. Je sais où les trouver. L'eau la plus pure se croupit en séjournant. Je vais partir : bientôt tu verras le torrent descendre des montagnes de l'Épire.

Oswali le serra dans ses bras. « Les îles de l'Archipel, lui dit Lambros, n'attendent depuis long-temps qu'un chef déter-terminé ; parcours-les : la mer et les montagnes sont les derniers refuges de la liberté. Avant que la fête d'Athanase ait succédé à celle de saint Dimitri, le cri libérateur, parti des monts Chimariotes, aura retenti sur les rivages de Smyrne. »

Il dit ; et tel que ces étoiles rapides qui sillonnent la nue, et que le musulman stupide croit être des flèches flamboyantes lancées par la main des anges, Lambros a franchi les plaines de Thèbes et le golfe de Lépante ; les échos du Pinde se sont réveillés à sa voix ; les peuplades chrétiennes de l'Albanie et de la Chaonie ont été visitées par lui, malgré les périls sans nombre dont l'entouraient une nature marâtre et les vices produits par l'esclavage.

Buthrinto, que chanta la lyre d'Ovide et de Virgile, où dorment encore les cendres d'Hector et de l'infortunée Médée, calomniée par Euripide à prix d'argent, apparut à Lambros dans toute la splendeur de ses débris. C'est au milieu des acropoles écroulés bâtis par les Romains, des temples renversés de l'antique Grèce, que Lambros s'écria : « Compagnons! cette voix inconnue qui, jadis, sortie des rochers de Paxos, apporta jusqu'à vous la nouvelle de la mort du Sauveur, retentit aujourd'hui de nouveau dans les bois de Zara et dans les gorges du Cormovo, pour annoncer l'aurore prochaine de notre délivrance. »

Tout respirait la joie à Delvinaki, car les bergers de la Thesprotie ont su rester libres au milieu de l'asservissement général. Les vierges de l'Épire, vêtues de blanc, la tête et le sein couronnés d'une écharpe de la couleur du safran, se livraient aux longues évolutions de la danse romaïque, lorsque, portant à la main une croix brisée et sanglante, Lambros s'élança au milieu des danseurs: « Aux armes! fils de l'Épire; aux armes! L'indépendance de tous peut seule consolider la vôtre. Le chêne qui s'élève solitaire sur la crête des monts est bientôt renversé par la foudre ou l'ouragan. »

Il parcourut ainsi tour à tour tous les cantons de la Livadie et de l'Épire, échappant sous mille déguisemens aux émissaires des Turcs. Les habitans de Zagori, de Parga, de Souli, les républicains de l'Acrocéraune, les montagnards toxides et les valeureux Mirdites, si distingués parmi les Albanais (1) par leur courage

(1) Les Albanais, appelés *Arvanitès* par les Grecs, *Arnaoutes* par les Turcs, Schetechips ou Schypetars d'origine, comme semble le prouver M. Pouqueville dans son magnifique ouvrage sur la Grèce moderne, auquel nous empruntons une partie des détails suivans, se divisent en quatre familles nombreuses, les Mirdites, les Toxides, les Japys et les Chamydes.

Les Mirdites, restés fidèles au culte catholique romain, soldats valeureux de Scanderbeg, défendirent long-temps leur religion et leur liberté contre les guerriers du prophète, qu'ils forcèrent de s'enfuir devant la sainte bannière de la vierge d'Orocher. Depuis, ils parurent reconnaître le droit de suzeraineté du grand-seigneur, mais à la condition qu'exempts du tribut honteux de la capitation, ils vivraient libres et maîtres de leur sol, que leur culte serait respecté, avantages qui leur furent acet leur dévouement à la cause du Christ, lui promirent aide et secours. Les bri-

---

cordés avec l'intention de les en priver aussitôt que l'occasion s'offrirait : mais cette tribu généreuse voulut rester armée pour défendre ces glorieuses prérogatives ; et, dès les premières transgressions des musulmans, les représailles furent si terribles, que les satrapes préférèrent l'avoir pour amie plutôt que pour ennemie. D'une constitution robuste et d'un physique noble et sévère, les Mirdites portent pour vêtement une saie blanche qui ne dépasse point les genoux, et qui, serrée autour des reins par une large ceinture, leur donne une grande ressemblance avec les anciens croisés français. Leurs femmes, élevées comme eux au milieu des dangers, et toujours sur la défensive, ne marchent qu'armées de pistolets, et suivies de dogues prêts à les défendre de l'approche d'un musulman.

Les Toxides, tireurs adroits comme ils étaient jadis archers habiles, forment la plus belle race de ces contrées, et leur costume élégant, emprunté presque tout entier à l'ancien costume gands même de Caulonias accoururent au devant de lui. « Nourris nos familles,

---

héroïque, ajoute encore à leur beauté naturelle. Le pied chaussé du cothurne, le corps ceint de la toge et laissant flotter la chlamyde sur leurs larges épaules, « s'ils couvraient leur tête d'un casque, si des panaches se mêlaient aux ondes de leur belle chevelure, on les prendrait pour les soldats d'Achille et de Pyrrhus, » dit le savant historien de ce peuple. Moins libres que les Mirdites, mais jouissant de plus d'aisance et d'une vie moins agitée, les Toxides possèdent une partie des avantages de la civilisation; et sans les vexations fréquentes des Turcs, les vallées du Tomoros verraient peut-être s'élever des villes florissantes et industrieuses, habitées par le plus beau peuple de la terre.

Les Japys, retirés derrière les rochers de l'Acrocéraune, vivant au milieu des montagnes arides, ne possédant pour tout bien qu'une liberté sauvage, et semblables au sol indigent qui les nourrit, sont maigres, hâves et hideux. Ne subsistant que de rapines, au milieu de lui direnr-ils, et sers-toi de nos bras pour une cause aussi belle. Nos mœurs sont en

---

l'obscurité profonde, ils savent distinguer leur proie et s'en saisir. En guerre continuelle avec leurs voisins, la présence subite d'un Japys fait s'élever de tous côtés un cri d'alarmes qui attire sur ses traces le danger et souvent la mort. Tous préfèrent cependant habiter des antres ténébreux, vivre dans cet état de misère et de dégradation, plutôt que de descendre dans les plaines, où les Turcs, qui redoutent tant d'adresse et de courage, leur offrent l'abondance et le plaisir en échange de la liberté.

La beauté, le luxe, la fertilité, l'indépendance, tout semblait se réunir pour combler des plus doux biens les heureux Chamydes; ils avaient su préserver leurs foyers de l'approche de la misère et des Ottomans; mais la trahison y introduisit depuis le féroce Ali-Pacha, et la race des Chamydes fut presque entièrement exterminée.

Telles sont les quatre grandes familles albanaises, habitant l'Épire et la Macédoine, et dont les tribus populeuses se sont disséminées horreur, dit-on ; malheur à ceux qui nous les ont données ! Chez nous le vol et le meurtre ne sont que des représailles ; rends-nous meilleurs ; l'esclavage n'enfante que des crimes : la vertu c'est la liberté. »

---

dans le Péloponèse, la Livadie et quelques îles de la mer Égée. Étrangères aux distinctions territoriales de vaivodilicks, d'éparchies, de mansoubs, de pachaliks, elles sont classées d'après les différences de leurs langues respectives ; la guégaria (les Guègues, aujourd'hui mahométans, étaient autrefois les compagnons et les frères d'armes des Mirdites. Ils n'ont plus d'autres rapports entre eux que ceux du langage), la toskaria, la japouria et la chamouria, qui se rapprochent l'une de l'autre par un type commun, ainsi que les dialectes dorien, ionien, éolien et athénien, n'étaient qu'une nuance marquée dans le langage des quatre premières peuplades de l'ancienne Grèce. (X.)

Il dédaigna ces mortels timides, dignes de leur sort, qui ne savent que gémir sous le bâton du maître, semblables au volcan du Chamoussi (1) qui depuis longtemps trouble les airs de ses longs rugissemens, les obscurcit de sa fumée noirâtre, et dont on attend encore la première éruption. Ses glorieux compagnons furent distribués par bandes, et tous prenant des chemins divers se dirigèrent vers Livadia, lieu du rendez-vous, après que les Cauloniates eurent pronostiqué le succès de l'entreprise, en consultant les ombres que jetaient des ossemens de bélier présentés au flammes du foyer.

Près d'une année s'était écoulée pendant la sainte mission de Lambros. Il se

---

(1) Les monts Chamoussi bornent la Thesprotie au septentrion.

hâta d'envoyer un émissaire dans l'Archipel, au devant de celui qu'il regardait comme le chef véritable de cette noble entreprise. Lambros mettait tout son espoir en toi! où étais-tu, que faisais-tu, Oswali Nicétas? toi qui, par tes grâces, ton courage et ton éloquence, t'élevais au-dessus de tes rivaux, comme le pic neigeux du Kamila s'élève au-dessus des autres sommets du Pinde, où étais-tu, que faisais-tu, Oswali Nicétas?

Malédiction sur lui! malédiction sur sa race! la torche qui alluma l'incendie s'est éteinte tandis qu'il déployait ses ailes de flamme! Belle Hellénie, pleure encore, pleure toujours; ton fils bien aimé t'a trahie; il a désespéré de toi, il a oublié ses sermens! Malédiction sur toi, Oswali Nicétas!

Les rivages de Kios (1) l'avaient reçu, digne émule de Lambros. Le cœur plein encore de ses grands projets, il visita les premières familles de cette île populeuse et florissante. Le luxe, le commerce, l'amour du gain y couvraient l'oppression d'un manteau brillant, et semblaient en alléger le poids. Il tonna de nouveau et ne fut point écouté; à ses cris de gloire on répondit par de froids raisonnemens; les obstacles glacèrent son enthousiasme; les plaisirs l'environnaient; il abaissa ses regards sur eux. Dans cette crise de faiblesse et d'hésitation l'amour parut armé, et la patrie fut oubliée.

Aglaé était la plus belle des filles de Kios; et cependant quoique chrétienne et grecque, un grec chrétien eût rougi de lui donner le titre d'épouse; car sa mère

(1) Ou Scio.

avait été séduite par un ennemi du Christ, et le sang d'un musulman coulait dans ses veines. Son œil noir et voluptueux respirait la mollesse asiatique; ses formes légères et sa chevelure blonde rappelaient la beauté des vierges de la Morée; ses talens et même sa parure attestaient encore sa double origine. L'or de Venise, les perles de l'Orient décoraient tour à tour sur son front gracieux le turban ou le flamméum (1); ses doigts, comme ceux des femmes du sérail, après avoir emprunté un léger vermillon aux feuilles de l'henna, erraient sur le zel (2) harmonieux, ou faisaient résonner le kanoun (3) sous une touche d'ivoire. Fille bizarre et charmante, malheur à celui qui t'aimera! hélas! malheur à toi-même, car c'est Nicétas!

(1) Voile de pourpre.

(2) Instrument de musique des musulmans.

(3) Espèce de psaltérion, en usage dans les harems.

Il se promenait un jour sur les bords d'une fontaine dont la blanche Anaraïde (1) recevait à la fois les hommages des Grecs et des Ottomans. Un cri perçant se fait entendre ; Nicétas vole au secours d'une jeune insulaire qui se débattait dans les bras d'un vil ravisseur. A la vue d'un Grec : « Esclave, s'écria celui-ci, retire-toi ou ta mort expiera ton insolence ; » et il levait déjà le bras pour le frapper : un coup de poignard fut la réponse de Nicétas. Mais

---

(1) Quelle que soit leur religion, les habitans de la Grèce offrent une espèce de culte aux génies des sources, qu'ils ne nomment plus nymphes laurentes ou naïades, mais *anaraïdes*, et nul voyageur n'oserait se désaltérer à une fontaine sans déposer en tribut soit un rameau, soit une fleur, dans une niche pratiquée exprès pour recevoir ces offrandes *au bon démon*.

(X.)

ce sang ennemi, qui le premier rougit le fer préparé pour la liberté, n'assura que le triomphe de l'amour. Semblable à ce lac de Dgérovina dont les ondes engloutissent ce qui flotte sur leur surface, l'amour éteint et absorbe tout autre sentiment. L'ami de Lambros ne tarda pas à l'éprouver.

Un Osmanli était tombé sous ses coups; ses jours étaient en danger. Aglaé offrit à son libérateur un asile sous le toit de sa mère; là tous deux ils s'enivrèrent des poisons puisés dans un regard ou dans un sourire. Là, passant tout le jour à ses genoux, il répétait avec elle les scolies amoureuses de l'Hellénie, ou apprenait d'elle cette science emblématique des femmes de l'Orient qui donne un langage à chaque fleur. Bientôt, dans un silence expressif, il n'eut qu'à lui présenter une branche de lotos pour lui parler de sa beauté, une tige de persicaire pour lui dire : « je t'aime. » C'est ainsi que cette ame républicaine se détendait sous le souffle de l'amour, comme la lyre du poète sous les vapeurs enflammées du simoun.

Le bruit trompeur de la mort de Lambros parvint alors jusqu'aux oreilles de Nicétas, et ses derniers élans de patriotisme s'éteignirent avec l'espérance de revoir son ami. Cependant l'orage grondait encore autour de lui ; la vengeance du pacha de Kios menaçait le raïa meurtrier ; sa retraite était sur le point d'être découverte, lorsque la mère d'Aglaé sentit que sa dernière goutte de vie s'échappait de la clepsydre éternelle. « Mes enfans, leur dit-elle, vous vous aimez, et Dieu ne peut repousser votre amour, car votre religion est la même. Entre les mains d'une mère expirante, jurez d'être unis l'un à l'autre, et je meurs satisfaite. Mais tous deux vous avez encore besoin d'un protecteur. Prenez cet anneau; allez trouver Achmet, aujourd'hui pacha d'Athènes, dites lui que celle.... » Elle voulait poursuivre, la mort l'en empêcha.

Aglaé était fille d'Achmet; il l'accueillit avec tendresse; mais il vit dans Oswali, non le libérateur de sa fille (le cœur d'un barbare sent-il la reconnaissance!), mais un rejeton glorieux de la Grèce, qu'une passion fatale livrait tout entier à sa politique perfide. Illustre famille de Canzianès et de Nicétas, allez-vous devenir l'alliée d'un fils d'Othman? O mes vers, élancez-vous avec la rapidité des flèches de l'Arnaute! ne laissez qu'une trace légère sur le but que vous allez atteindre! me faudra-t-il éterniser la honte d'un Grec?

Dans l'oppresseur de son pays, Nicétas ne voyait que ton père, infortunée Aglaé; il crut, par son lâche dévouement, assurer votre hymen. Insensé, qui pensait arriver au bonheur par le parjure. Non! ses vœux seront trompés; et jamais la couronne nuptiale ne sera suspendue à vos lambris entre les images révérées des saints.

L'orage grossissait cependant. Un esclave, monté sur un coursier couvert de sueur et de poussière, s'arrête devant le palais d'Achmet; là, le coursier tombe et meurt de sa fatigue, et l'esclave s'élance dans les appartemens du pacha, en s'écriant: «Vengeance! Achmet, une troupe de brigands, après avoir ravagé Livadia, s'est dirigée vers nos murs! vengeance!

Au bruit de la simandre et du siankos (1), ils appellent au meurtre et au pillage la misère et la révolte! Vengeance! vengeance! »

Achmet s'arme, et ses janissaires l'entourent. Oswali lui-même, Oswali Nicétas, l'ami de Lambros, à la tête d'une légion chrétienne d'Armatolis, court à des périls où il croit trouver la gloire. Derrière les rochers de Sandli, dans les vallons d'Aspa, les rebelles osent présenter la bataille aux troupes d'Achmet. Trois fois les soldats du tyran d'Athènes sont vaincus et dispersés; trois fois Oswali les

(1) La simandre est une plaque de fer sur laquelle les Grecs chrétiens frappent avec un marteau pour remplacer l'usage des cloches qui leur est interdit par leurs maîtres. Le siankos est un très gros coquillage, commun dans la Méditerranée, et dont on tire des sons semblables à ceux de la trompe. (X.)

ramène au combat, et enfin à la victoire. Mais, lorsqu'en furieux il s'enfonçait au sein des bataillons ennemis, un objet étrange frappe ses regards ; c'est la croix du Sauveur : un cri retentit à ses oreilles ; c'est celui de la liberté : un guerrier s'avance pour le combattre ; c'est Lambros !

Son crime lui est révélé ! Il vient de briser l'arbre sacré planté par lui-même : ses yeux s'obscurcissent, son front fléchit, le fer échappe de ses mains ; il tombe au milieu de ses Armatolis victorieux en murmurant : liberté !

Les généreux enfans de l'Albanie se montrèrent dignes de la cause qu'ils avaient embrassée ; nul d'entre eux ne déposa ses armes ; tous moururent sur la place qu'ils avaient choisie pour combattre : semblables, après leur chute, à une forêt de pins déracinée par l'ouragan. On montre encore, au milieu des rocs de Sandli, le précipice où, plutôt que de se soumettre, s'élancèrent les Cauloniates, aux cris de liberté. Les Osmanlis l'ont surnommé *la Tombe des Brigands*; un temps viendra (puisse-t-il n'être point éloigné!) où, des vallons d'Aspa et de Zénarul, le voyageur, en élevant les yeux vers ces rochers, y trouvera ces mots inscrits en lettres d'or : *Tombe des Héros!*

Lambros désarmé, captif, était tombé au pouvoir d'Achmet : Nicétas implora sa grâce; et son espérance, ses prières, ses larmes n'excitèrent que le sourire du tyran. Il tomba à ses genoux, résolu de sauver son ami; il se releva résolu de le venger. Un nouveau complot s'ourdit dans Athènes; mais le désespoir seul y présidait; quelques montagnards toxides, échappés au carnage d'Aspa, plusieurs Armatolis, enthousiastes de la valeur de leur chef, jurèrent de le seconder. Nicétas ne parla que de vengeance, n'osant parler de liberté. Était-il digne d'elle celui qui voulait la reconquérir par un crime?

Au milieu de la nuit, ses compagnons doivent surprendre les gardes d'Achmet et les immoler. Quand les tambours du sérail ont annoncé la dixième heure, lui-même, profitant de la sécurité qu'inspire sa présence, se dirige vers les appartemens du pacha, armé d'un poignard. C'est du sang qu'il vient chercher; c'est le sang du père d'Aglaé; et cette idée ne l'arrête point; car la délivrance de Lambros dépend du coup qu'il va porter.

Le signal convenu entre les conjurés ne peut tarder à se faire entendre, et Nicétas, au milieu des ténèbres, erre encore dans les longs vestibules du palais. Il craint d'avoir égaré ses pas dans l'obscurité, lorsqu'une faible lumière apparaît au fond des corridors ; une femme la porte. C'est Aglaé. A la vue de l'ombre de Nicétas vacillante entre lés colonnes, elle pousse un cri d'effroi : «Silence ! lui dit celui-ci ; où est ton père ? — Dieu ! quelle fureur est empreinte dans tes regards ! — Où est ton père ? — Pourquoi ce poignard ? voudrais-tu attenter aux jours d'Achmet, aux jours du père de ton Aglaé ? » Et le signal des conjurés s'est fait entendre, et déjà Oswali croit ouïr les cris de mort des janissaires. « Retire-toi, fille d'Achmet, retire-toi ! — Quel est ce bruit ? quelles sont ces clameurs ? Nicétas ! je ne te quitte point. — Fuis-moi, te dis-je; il y a du sang d'Achmet dans tes veines! »

Et les cris redoublent dans le palais, et l'instant de frapper est venu, et les pas nombreux d'hommes armés semblent se diriger en tumulte vers la prison de Lambros; mais Aglaé, muette, immobile, les yeux en pleurs, est toujours placée entre son père et son amant. Oswali la repousse, et les bras de la fille de Kios s'ouvrent encore pour l'enlacer. « Fille d'Achmet! s'écrie-t-il enfin, saisi d'une fureur convulsive, cause de ma honte éternelle, seul lien qui m'unit à la tyrannie, seule barrière qui me sépare de la liberté, tombe, et que Lambros soit libre! » L'acier homicide se plonge tout entier dans le cœur de la jeune Grecque; elle pousse un gémissement, pâlit, succombe, et ses bras que roidit la mort entourent encore son meurtrier. Telle une colombe de Smyrne, blessée par un maître cruel, expirante, dirige encore son vol vers lui pour chercher son dernier asile dans son sein.

La mort d'Aglaé fut un crime inutile : les compagnons de Nicétas avaient été vaincus. Lui-même fut surpris auprès de sa victime, encore tout sanglant et poussant des cris lamentables. Le lendemain sa tête, séparée du tronc, ses mains mutilées, furent suspendues aux portes du palais, objets d'horreur pour les Grecs et pour les musulmans qui répétèrent ensemble : « Malédiction sur toi, Oswali Nicétas? »

Liberté, semblable à cet arbre persan qui voit ses fleurs de pourpre tomber et renaître sans cesse, tu vois tes défenseurs abattus, remplacés par d'autres héros, envieux encore de mourir pour toi. Notre sang n'a-t-il point encore assez coulé sur tes autels? Ne luira-t-il pas bientôt ce grand jour où nous te reverrons redescendre parmi nous? Ma lyre te fut consacrée; puisse-t-elle apprendre à la Grèce à mériter tes faveurs à force de vertus!

Fils de l'Hellénie, il faut combattre avec la lyre et les armes, comme l'immortel Riga; frappez, héros! frappez et mourez; le poète vous garde ses concerts. Toi, fils du Pinde, songe à l'éternelle gloire, songe à l'éternelle honte : la voix des sirènes retentit, frappe les airs et s'efface; la voix des muses a des échos dans la postérité. Que l'oppresseur de ta patrie passe avec le bruit, l'éclat et les traces de la foudre; mais qu'à son passage ta lyre reste muette : que tes sublimes accords préparent le jour du réveil. Redis

Lambros, délivré des fers d'Achmet, révélant son existence par les exploits de Tchesmé et de Coronée; chante la valeur, les vertus et la liberté; chante encore, chante surtout les héros libérateurs!

Rosli se tut : il s'était levé tout à coup, et son œil, avec un regard terrible, se tourna soudainement vers le drapeau rouge de l'islamisme qui flottait sur l'acropole d'Athènes. Un feston de chèvre-feuille, détaché des cintres du bosquet, était suspendu sur son front et venait le couronner; des brises embaumées agitaient autour de nous les bois de mélèzes et d'oliviers, les buissons de lauriers et de roses; et dans la disposition d'esprit où je me trouvais, ce murmure qui croissait de plus en plus, me semblait un assemblage de voix confuses, qui, sortant des ruines et des tombeaux d'Athènes, nous entretenaient de gloire, d'amour et de liberté.

Dans ce moment, le soleil, nageant dans une mer de feu, se plongeait sous l'horizon, et ses derniers rayons, atteignant les sommets du Lycabette, vinrent se réfléchir sur la figure de Rosli, empreinte de tous les caractères d'une céleste inspiration. Ému de ce que je venais d'entendre, entouré de ruines éloquentes et d'antiques souvenirs, il me sembla voir le Dieu du jour, le Dieu des vers, Apollon, sur ses temples détruits, communiquer encore le génie poétique au dernier prêtre des Muses.

LES ARINZES.

(SIBÉRIE.)

LES ARINZES.

Je n'ai fait que passer, il n'était déjà plus.
(RACINE, *Esth.*, act. III, sc. IX.)

J'AVAIS jadis visité la Sibérie, dans un temps où les provinces méridionales de cette vaste contrée offraient aux yeux du voyageur une végétation active et abondante, des villes nombreuses, une population libre et guerrière.

La nation des Arinzes (ou Arinthes) s'élevait au-dessus de toutes les autres dans ces heureux climats, autant par la sagesse de ses législateurs que par l'antiquité de ses institutions. C'était chez les Arinzes qu'était né le culte du chamanisme, existant encore, quoique défiguré, chez plusieurs peuplades de la Sibérie, et qui, se propageant dans les Indes, à la

Chine et au Japon, donna naissance au lamisme et au braminisme qui, à leur tour, virent leurs dogmes empruntés par les Égyptiens et par les Grecs. Les Druides eux-mêmes pourraient bien n'avoir été que les disciples des premiers Chamans. (1)

---

(1) Nous ne prétendons pas adopter entièrement l'opinion de Jonathan sur cette grande question; il serait facile cependant d'apporter des preuves nombreuses en faveur de notre auteur, si la discussion n'exigeait pas de trop grands développemens.

Sous le nom de *Ghermans*, de *Sarmans* et de *Samanéens*, c'est sans aucun doute les prêtres chamans qu'ont voulu désigner Strabon, Clément d'Alexandrie et Porphyre, qui reconnaissent hautement l'antiquité de leur doctrine.

Le nom de *Chamans*, selon Thomas Hyde, académicien de Saint-Pétersbourg, est dérivé d'une langue inconnue aujourd'hui, qui probablement est la langue arinzienne. Les bramines, qui ne nient point être redevables de leur science

La gloire des armes avait servi à porter au loin leur philosophie religieuse. Les héros de l'Arinzie, dont le nom faisait alors trembler les hordes de l'Asie, après avoir augmenté la puissance de leur patrie par de nombreuses con-

---

à ces anciens philosophes, ont emprunté d'eux le dogme de la métempsycose, ainsi que les lamistes qui l'ont consacré dans la personne même de leur divin pontife, le grand Lama, dont ils croient l'existence éternelle, sous une succession de différentes formes humaines. Bouddhou, ou Bodda, le dieu des Chamans, que nous retrouverons dans le récit des *contradictions*, doit être le *bed* dont parle saint Jérôme; *bod* signifie *divin* dans les anciennes langues de l'Orient, et M. Stollenwerck, dans ses recherches historiques sur les principales nations établies en Sibérie, cherche à prouver que le fameux *Xaca*, nommé *Fo* ou *Bo* depuis son apothéose, et qu'on fait naître 1017 ans avant J. C., n'est autre encore que le dieu Bouddhou. (X.)

quêtes, avaient transplanté ses colonies jusqu'au sein de la Perse. L'une d'elles avait même osé franchir les monts Ourals et traverser toute la partie septentrionale de l'Europe, pour fonder Arinthoz (1) sous le ciel de la Gaule. Je visitai ce grand peuple au milieu de sa splendeur; je le quittai, marchant à de nouvelles prospérités.

Quelques siècles s'écoulèrent, et mes courses continuelles me reportèrent de nouveau vers ces mêmes pays; les hommes, le climat, tout était changé. Je cherchai la nation des Arinzes, et ne la retrouvai plus. J'appris que sa gloire était éclipsée, ses législateurs oubliés, ses guerriers vaincus. Chassée de ses villes détruites, elle avait vu les sauvages Ostiaks et les barbares Tongouses, comme

---

(1) Arinthoz, aujourd'hui petite ville de la Franche-Comté.

une bande de hyènes féroces, s'acharner après ses misérables débris et les exterminer. Cependant quelques Arinzes, me dit-on, trouvèrent un refuge sur les bords du Jéniscéa, au milieu des tartares Katschintz. Mais, hélas! même au sein de cette horde hospitalière, leurs descendans avaient subi une lente destruction. Un seul homme restait de cette grande nation; un seul! et c'était un vieillard!... Quand je vins à lui parler de l'antique éclat du peuple dont il était issu, la surprise et l'attendrissement semblèrent s'emparer de lui. Ses yeux se mouillèrent de larmes; il prit ma main et la baisa: « Béni soit celui qui chatouille encore mon oreille du doux nom et de la gloire de mes ancêtres, dit-il. Hélas! je ne suis né que pour pleurer leurs malheurs et la patrie que je n'avais point connue. Ses destins, du moins, ne me sont point étrangers, poursuivit-il; mon père, instruit par le sien, me dit à son tour les grandes actions de nos héros et les chants divins de nos poètes; car quel peuple a jamais brillé plus noblement du double éclat des arts et de la guerre! Les bords du Baikal, les rives de l'Anadir, les sommets des monts Atlaïs, couronnés d'une vaste forêt de cèdres, retentissaient alors de nos cris d'allégresse et du bruit de nos exploits!.... L'Anadir!.... l'Atlaïs!... que ces mots sont doux à prononcer! et que les longs entretiens de mon père plaisaient à mon imagination! Aujourd'hui ma bouche seule articule encore les sons de la langue arinzienne, la plus belle, la plus suave de toutes les langues! et ma mémoire seule conserve encore quelques faibles souvenirs de tant de puissance! Étranger, qui semblez vous intéresser aux destins de la grande nation, daignez être le dépositaire de ce qui reste de son antique gloire; puissent, grâce à vous, un si vif éclat, tant de hauts faits, tant de noms illustres, survivre à un pauvre vieillard, et faire encore palpiter, après moi, des cœurs généreux ! ma memoire qui chancelle veut se reposer sur la vôtre. Je rends justice à mes généreux hôtes ; je me suis abrité sous leurs tentes, je me suis réchauffé aux feux de leurs foyers ; je me suis abreuvé du lait de leurs jumens ; mais ils ne savent point écouter, et mes récits humilient leur orgueil. Étranger, je suis vieux et je me sens faible ; j'ai besoin de rassembler mes idées et de repasser en moi-même tant de destinées et d'événemens divers. Revenez me visiter demain. »

Je fus exact au rendez-vous ; mais le vieillard se mourait. Pâle, les mains glacées et la vue presque éteinte, il était gisant au milieu de sa cabane, dans une boîte longue et étroite, semblable à un cercueil (espèce de couche commune dans ces climats). Il parut me reconnaître cependant, et fit un effort pour me parler; mais sa voix se refusait à rendre ses pensées. Saisi de regrets et de pitié, immobile devant lui, je le vis quelque temps lutter contre la mort. Ce spectacle était pour moi à la fois imposant et terrible. J'ai vu s'éteindre plus d'une vie; mais, ici, j'assistais à l'anéantissement total d'une nation. Avec ce débile vieillard semblait descendre dans la tombe un peuple tout entier; des héros, des poètes qui, sans doute, avaient versé leur sang, sacrifié leur repos et leur bonheur pour conquérir, dans le souvenir des hommes, un nom qu'ils croyaient devoir être immortel. Une langue harmonieuse, de sages institutions, des découvertes, précieuses peut-être pour l'humanité; de grandes actions, de grands triomphes, de grands revers; l'espoir de la vertu, de la puissance, de la vanité, tout s'anéantit avec le dernier soupir du vieillard.

Nul monument élevé par la nation des Arinzes n'est debout dans la contrée qu'elle avait soumise à ses lois; la mémoire des peuples jadis vaincus par elle, n'a rien conservé de la gloire de ses anciens vainqueurs; rien enfin, sinon ce faible écrit, ne reste pour attester son passage sur la terre.

HEUR ET MALHEUR.

(FRANCE, etc.)

HEUR ET MALHEUR.

Souventefois les petites choses font la fortune des grandes. (CHARRON, *De la Sagesse.*)

Je suis disposé à croire qu'il y a des hommes cachés dans la foule, qui sont plus grands que ceux que nous voyons paraître sur la scène du monde, et qui s'attirent les yeux et l'admiration de tous.

(LE SPECTATEUR, *Disc. XL.*)

Les injures de ma fortune ont fait celles de ma réputation.... Le mérite ne se juge que par la prospérité. (THÉOPHILE, *Au lecteur.*)

Puis doncques que tel est ou mon sort ou ma destinée, ma délibération est servir et ès ungs et ès aultres : tant s'en fault que je reste cessateur et inutile.

(RABELAIS, *Prol. du liv. de Pantag.*)

VERS la fin de l'année 1749, deux voitures roulaient bruyamment, en se suivant de près, sur la route de Paris à Versailles ; la première était le *coche public*, qui ne comptait alors pour passager que M. Pigafet, homme de mérite; la seconde, équipage brillant, attelé de deux chevaux superbes et vigoureux, entraînait rapidement vers le séjour de la puissance le comte de M....., renommé dans toute l'Europe par ses talens, son opulence et ses aventures singulières. Les nobles coursiers étaient au moment de dépasser et de laisser bien loin derrière eux les chétives haridelles de louage; mais les deux essieux se rencontrèrent, et le choc fut tellement violent, que le coche public, son conducteur, ses chevaux et son unique passager roulèrent pêle-mêle au milieu du chemin. M. Pigafet, dans sa chute, s'était foulé la main droite; le comte de M....., naturellement bon et sensible, lui fit agréer ses excuses, ses regrets et une place dans son carrosse pour achever le voyage. Le cocher fut indemnisé de sa mésaventure; et, aussitôt arrivé à Versailles, le comte manda un chirurgien qui pansa la foulure de M. Pigafet. Ce dernier, touché des attentions continuelles de son nouvel hôte, du chagrin qu'il semblait ressentir d'être cause de son léger accident, crut devoir rassurer sa conscience, et lui certifia que le choc des deux voitures ne devait être attribué ni à l'emportement des chevaux, ni à la maladresse du conducteur, mais à la ténacité de son mauvais destin, qui avait toujours placé pour lui un fossé près du but, un écueil près du port. « Mon voyage de Paris à Versailles devait détruire ou réaliser une grande espérance, dit-il; je touchais au but, je roule dans le fossé; je devais m'y attendre; tout est dans l'ordre, et c'est vraiment déjà beaucoup trop d'honneur pour moi de voir un noble comte au nombre des causes de mes mille et une catastrophes. Autrefois un chétif épagneul m'a fait perdre l'objet de mes amours; un bon mot ferma peut-être devant moi les portes de l'Académie, et un faible insecte

..

m'a, pour ainsi dire, renversé d'un trône.... »

Le comte de M....., étonné, regarda M. Pigafet fixement. Celui-ci cependant semblait parler avec calme et simplicité; son regard était tranquille et assuré; rien enfin n'accusait en lui une absence de raison. Son hôte, dont la curiosité était vivement excitée, lui témoigna de nouveau tout l'intérêt qu'il prenait à son sort, chercha à le dissuader sur les présages sinistres qu'il tirait de son dernier accident, et finit en le suppliant de lui faire connaître une partie de ces aventures si surprenantes dont il paraissait avoir été la victime.

M. Pigafet, qui, à le juger par son préambule, semblait être aussi disposé à parler que le comte l'était à l'entendre, ne se fit point prier. « Paris m'a vu naître, lui dit-il; mon père, homme honnête, mais systématique, ayant découvert en moi quelque aptitude aux travaux de l'esprit, crut assurer mon bonheur futur, en me mettant à même d'acquérir des notions superficielles dans un grand nombre d'arts et de sciences, persuadé que ces connaissances diverses me rendraient capable de choisir un état en harmonie avec mon génie et mes facultés.

« Les progrès de la civilisation chez les peuples, les sociétés naissantes se consolidant peu à peu au milieu des troubles et des excès de la barbarie ; ce frein volontaire que s'imposait la force à elle-même, tous les bienfaits du législateur enfin frappèrent vivement mon imagination. J'étudiai les lois, et me fis bientôt recevoir avocat. J'avais acquis déjà quelque réputation parmi mes confrères, lorsque je fus appelé au Châtelet pour plaider une cause du bon droit de laquelle j'étais intimement convaincu. Mon antagoniste, nommé Bernard, brouillon s'il en fut jamais, voilant son ignorance et sa fatuité sous un faux air de modestie, annona d'une voix mal assurée un plaidoyer fort mauvais, bien qu'il l'eût sans doute fait faire par un autre. Sa voix baissa tellement de ton pendant le cours de sa lecture, qu'on finit par cesser d'en entendre un seul mot, et que des conversations particulières s'établirent parmi le public, au parquet, et même au tribunal. Je parlai à mon tour; on me prêta la plus grande attention; mais, dans la chaleur de l'improvisation, un geste véhément que je fis dérangea ma coiffure, et me donna un air tellement grotesque, qu'un rire universel partit de tous les coins de la salle, et s'augmenta encore par les efforts maladroits que je fis pour réparer le désordre de ma perruque magistrale. Non seulement je perdis ma cause, mais chaque fois que je reparus au barreau, le même rire semblait être prêt à m'accueillir lorsque j'allais monter à la tribune. Je me découragea et quittai une carrière dans laquelle un geste équivoque suffisait pour compromettre les droits de la veuve et de l'orphelin.

« L'étude physique et morale de l'homme avait toujours eu beaucoup d'attraits pour moi ; une partie des sciences naturelles ne m'était point inconnue ; le système médical en vogue me semblait susceptible de recevoir d'importantes améliorations ; je m'y livrai avec ardeur ; je comparai Hippocrate, Gallien, Avicenne avec les modernes, et crus m'apercevoir que cette science sublime, en perdant de sa simplicité, avait dégénéré entre les mains des docteurs à la thériaque et aux élixirs. J'osai combattre les maladies inflammatoires avec l'eau, la diète et la saignée ; j'osai même proscrire le quinquina, alors dans son apogée. Je me fis des ennemis sans nombre parmi les apothicaires, les marchands de vin et mes confrères ; mais, fier des succès inespérés que j'obtenais, je poursuivis audacieusement ma course.

Appelé un jour en consultation avec un docteur nouvellement reçu, je reconnus en lui l'ex-avocat Bernard, mon ancien antagoniste. Il le devint encore comme médecin; nullement de mon avis sur la manière de traiter notre client, il le déclara un homme mort, si je l'entreprenais à ma manière. Le malade me donna sa confiance et s'en trouva bien, car sa convalescence s'achevait, lorsque, ayant mangé du raisin par mon ordre, un maudit grain qui lui resta dans l'œsophage lui fit faire de tels efforts pour s'en débarrasser, qu'il fut frappé d'apoplexie et mourut sur-le-champ (1), à la grande joie de Bernard, qui prôna partout sa prédiction, et ce qu'il appelait les fatales suites de mon système. Ma réputation en souffrit; la sienne y gagna. Dans les cabarets et dans

(1) Le fait n'est nullement invraisemblable : un grain de raisin causa la mort d'Anacréon et de la chère Hababah du calife Yésid II.

les apothicaireries, les clameurs recommencèrent contre moi. En vain je prouvai que le malencontreux grain de raisin avait seul détruit l'effet bienfaisant de mes soins; on feignit de ne point m'entendre. Pour surcroît de malheur, en ce temps parut le Gil Blas de Lesage; chacun crut me reconnaître dans le docteur Sangrado, chacun m'en donna le sobriquet, et le ridicule acheva ce que le hasard avait commencé. Je fus discrédité. Avec moi, j'ose le dire, tomba l'édifice naissant du véritable art de guérir.

« Un sobriquet, en France, nuit souvent plus qu'une mauvaise action. La blessure faite par l'arme du ridicule ne se cicatrise que sous d'autres cieux, dans d'autres climats. Après avoir réalisé ma petite fortune, je résolus de la faire valoir moi-même, et je m'exilai volontairement de ma railleuse patrie.

« Pour un homme qui pense, le commerce, ce lien des peuples, ce père de la civilisation, cette source perpétuelle d'où découlent pour nous toutes les douceurs, toutes les aisances de la vie, est un sujet digne des plus hautes méditations. Malgré le mépris qu'affectent d'y attacher les petites gens aux grands airs ou aux grands noms, me disais-je, c'est pour l'étendre ou le protéger que presque toutes les guerres sont entreprises, que les rois risquent la sûreté de leur trône et le sang même de leur noblesse, que la diplomatie redouble de génie et de ruse, que les arts industriels se perfectionnent et entretiennent dans tout le monde policé une correspondance éternelle d'émulation et d'activité. Je serai donc commerçant. Je m'établis aux Antilles, où je transportai les productions des manufactures françaises; j'envoyai en France les productions des Antilles, à l'exception du quinquina, cependant; car, supérieur à Coriolan, je ne voulus point nuire à mes ingrats compatriotes. Mes échanges commerciaux avaient réussi au-delà de mes vœux; en quelques années, mes fonds décuplés me permettaient de revoir, à la tête d'une fortune honorablement acquise, les lieux chéris qui m'avaient vu naître, et d'y braver les quolibets et les sobriquets de mes anciens rivaux. Espérant ajouter encore à mon avoir, j'employai la plus forte partie de mon numéraire à l'achat d'une cargaison d'étoffes des Indes, alors d'un grand usage à Paris, et je me mis incontinent en mer avec elle, bercé par les plus doux projets de bonheur. La traversée fut heureuse; mais, en débarquant au port, je m'aperçus que presque toutes mes marchandises avaient été percées et rongées d'outre en outre par un petit ver qui s'était introduit dans les ballots. J'étais ruiné. Le lendemain un nouveau vaisseau, chargé pour le compte de ce même Bernard, qui devait me poursuivre partout, arriva, porteur des mêmes effets; il n'avait rien à redouter de la concurrence; et, pour la troisième fois, il profita de mon désastre.

« Le désespoir s'emparait de moi; un général russe, avec lequel j'étais revenu des Antilles, me conseilla de voyager pour me distraire, et me proposa même de l'accompagner dans son pays, où, disait-il, je ne pouvais manquer de trouver un emploi avantageux, vu mes nombreuses connaissances et la protection que son gouvernement accordait volontiers à tous les Français. J'acceptai sa proposition, et partis pour Saint-Pétersbourg, où je fus bientôt en relation avec les hommes les plus puissans à la cour. Je demandai une place dans l'instruction, la judicature ou l'administration; mais on parlait alors généralement d'une guerre avec la Suède, et sans cesse il me fut répondu : *Il nous faut des soldats, et non des savans.— Il nous faut des soldats, et non des juges. — Il nous faut des soldats, et non des employés.* J'allai retrouver mon ami le général, qui me prit pour aide-de-camp. La guerre éclata. Je me distinguai dans plusieurs actions fort vives; et fus assez heureux pour sauver la vie au maréchal de Lascy dans l'affaire de Wilmanstrand. Dès lors, j'eus en lui un protecteur déclaré, et j'entrevis l'espoir d'acquérir un nom dans la carrière militaire. Je commandais le corps qui, le premier, pénétra dans l'île d'Alland, et l'impératrice Élisabeth, la paix étant conclue, daigna m'écrire pour me témoigner son contentement et m'annoncer ma nomination au gouvernement d'Astracan.

«Les événemens se succédaient pour moi sous les auspices les plus favorables; je n'ambitionnais plus que l'honneur de commander en chef dans une action assez importante pour prouver ma capacité, et me donner rang parmi les guerriers illustres du Nord. L'occasion ne tarda pas à se montrer. Le fameux Thamas Kouli-Kan, usurpateur du trône de Perse, couvrit tout à coup de ses hordes belliqueuses les rivages de la mer Caspienne. Un corps considérable de Tartares indépendans, soulevés par lui, menaça les bords du Volga; je marchai à sa rencontre à la tête de vieilles troupes éprouvées dans la guerre de Suède, et renforcées par les braves Tartares de Circassie, qui venaient implorer la protection de la Russie. La chance du succès ne me paraissait point douteuse; Thamas était encore loin; j'avais pour adversaires, non des soldats, mais des brigands sans discipline, commandés par des chefs sans expérience. Ne me laissant point éblouir cependant par des apparences si brillantes pour moi, j'appelai à mon aide toutes les ressources, toutes les ruses de la tactique; j'inquiétai, je fatiguai l'ennemi par de fausses marches, je le fis abuser par de faux rapports, et choisis la position la plus avantageuse pour l'attaque, après avoir dressé sur ses flancs une forte embuscade qui devait faire diversion, s'il obtenait les premiers avantages, ou l'écraser dans la retraite. Eh bien! monsieur le Comte, le croiriez-vous, je fus vaincu. Au milieu de l'action, lorsque les bataillons ennemis s'ébranlaient déjà pour prendre la fuite, un vent nord-est qui s'éleva tout à coup porta vers nos rangs une poussière tellement épaisse et brûlante, qu'ils en furent aveuglés, et ne surent plus distinguer leurs alliés de leurs adversaires. Les Circassiens et les Russes s'entrechoquèrent entre eux; l'ennemi, rappelé au combat par l'avantage de sa position, nous vainquit sans peine, après avoir, je ne sais comment, détruit l'embuscade que j'avais préparée si savamment. Ainsi l'espoir d'un grand nom, la confiance d'une impératrice, les fruits de plusieurs années de gloire et de dangers, tout me fut enlevé par la poussière! La poussière rendit nulle la supériorité de mes troupes, la sagesse de mes mesures et les efforts de ma prévoyante tactique! Mais jugez quel fut surtout mon étonnement et mon indignation, lorsque j'appris que ces misérables vagabonds, mes vainqueurs, avaient été commandés pendant l'action par cet éternel Bernard, que je rencontrais partout dans mes jours de deuil. Je ne vous expliquerai point par quel effet du hasard il se trouvait alors en Asie, chef d'une horde de bandits; je l'ignore. J'avais peu le loisir de m'occuper de lui dans ce moment; je ne songeai qu'à moi. Le gouvernement d'Astracan m'était retiré; craignant quelque chose de pire que la disgrâce, je me hâtai de rentrer en Europe pour regagner promptement la France; mais mon destin devait s'accomplir; un nouveau malheur m'attendait en Allemagne; j'y devins amoureux.

« Vous n'exigez point que je vous raconte comment une femme jeune, belle, riche, coquette et romanesque eut l'art de me faire tourner la tête, en affectant tour à tour avec moi le ton du sentiment ou l'air de la réserve et de la froideur. A force de soins, de tendresse et de sacrifices en tous genres, je croyais être enfin parvenu à désarmer sa rigueur. Un jour, dans un tête-à-tête délicieux, elle daigna me laisser entrevoir que je n'étais point haï; je savais que le pathétique seul lui plaisait en amour; j'étais fortement épris, je devins facilement éloquent; je priai, je conjurai, je pleurai et déjà je la voyais progressivement s'attendrir, lorsque pour mettre le sceau à cette scène délirante, je crus devoir tomber à ses pieds et mis maladroitement le genou sur la patte d'un petit chien son favori, qui jappa et me mordit. Le pathétique s'arrêta là ; la belle partit d'un bruyant éclat de rire qui fut pour moi un congé formel; car elle se respectait trop pour donner son cœur ou sa main à un amant qui la faisait rire, et déshonorait ainsi sa vie entièrement contemplative et rêveuse. Comme vous le pensez bien, Bernard, vautour sans cesse attaché à sa proie renaissante, ne pouvait être loin pour profiter de ma nouvelle défaite. Aussi j'ai su qu'il épousa ma belle vaporeuse quelque temps après mon départ.

« Mon amour cependant, pour être déraisonnable, n'en était pas moins vrai; le goût de la retraite, et le désir de revoir la France m'avaient quitté; je ressentais un besoin ardent d'émotions nouvelles qui pussent éteindre, ou du moins adoucir les regrets que je donnais malgré moi à l'objet de ma sotte passion. J'appris qu'une nouvelle compagnie coloniale s'organisait pour exploiter les côtes de la Guinée, depuis la rivière de Volta jusqu'à Jackin, et je fis bientôt partie de l'équipage du premier vaisseau en course pour cette expédition. Après avoir séjourné quelque temps dans le fertile royaume de Juida, m'apercevant que mes compagnons, qui passaient jusqu'alors à mes yeux pour de nouveaux argonautes destinés à porter les bienfaits de la civilisation chez des peuplades barbares, ne s'occupaient que de la traite des nègres, je voulus essayer de réaliser moi-même les honorables intentions que je leur avais supposées si généreusement : je traversai le territoire d'Ardra, et m'enfonçai bien avant dans les terres. Les premiers Africains que je découvris d'abord dans cette excursion s'enfuirent à mon approche, comme épouvantés à ma vue ; mais ils revinrent bientôt en plus grand nombre, m'environnèrent en poussant des cris aigus, resserrèrent le cercle autour de moi, me saisirent, me garrottèrent, et je fus conduit dans cet état devant leur chef. J'étais dans le royaume de Dahomay, qui n'avait encore reçu la visite d'aucun Européen.

« Le grand Dahomay, roi du pays, parut lui-même presque effrayé de mon aspect; il se rappela pourtant, comme je l'appris par la suite, que son aïeul, Trudo Audati, le héros de cette partie de l'Afrique, lui avait souvent raconté que de son temps des hommes de couleur blanche étaient tombés en son pouvoir pendant le cours de ses conquêtes. Cette idée le rassura, et je m'en trouvai bien; car il paraissait plus disposé à me prendre pour un démon que pour un homme. En quelques mois, grâce au peu de mots et de règles dont se composent les jargons des peuplades sauvages, je fus en état de conversér avec lui. Initié par moi dans les mystères de la civilisation de notre merveilleuse Europe, il me prit en affection. Une maladie terrible dont je le sauvai par l'eau, la diète et la saignée, me mit encore plus avant dans ses bonnes grâces; je devins son intime conseiller; et j'espérai pouvoir être enfin un jour regardé comme le législateur de ces contrées inconnues. Cette idée plaisait à mon imagination, et tout fut mis en œuvre par moi pour détruire dans le Dahomay les coutumes atroces et superstitieuses dont sont infectés les peuples du continent africain.

« Le roi, doué d'une grande raison et d'un excellent naturel, semblait entrer parfois dans mes projets; mais sa croyance en ses fétiches, ce pouvoir de consécration que donne le temps aux choses les plus absurdes, venait opposer des obstacles continuels à mes vues philanthropiques. Je triomphai de tout cependant: les esclaves cessèrent d'être immolés sur la tombe de leur maître avec ses femmes les plus chéries; des victimes humaines ne furent plus offertes à des dieux informes de pierre et de bois; les châtimens, proportionnés aux fautes, n'écrasèrent et ne confondirent plus ensemble le crime et l'erreur; les armées se recrutèrent sans dévorer toute la partie active de la population; et l'agriculture, naguère confiée à des femmes faibles et languissantes, incapables de soutenir long-temps de pareils travaux, devint le partage des hommes qui n'osèrent plus croire que labourer la terre et penser étaient des occupations indignes d'eux, quand ils virent l'aisance et le plaisir succéder partout à la misère et à l'ennui.

« Les bons effets suivant rapidement mes bons avis, le roi fit rejaillir sur moi les marques de reconnaissance et d'amour que lui montra son peuple pour ces changemens inattendus. Il voulut m'associer à son pouvoir, et des acclamations unanimes accueillirent la proposition qu'il en fit aux vieillards de la nation. Il ne s'agissait plus que de procéder à mon installation. De temps immémorial, le sacre des rois de Dahomay consistait à les promener devant le peuple et l'armée, montés sur un superbe éléphant blanc, l'un des fétiches de la contrée, d'après les mouvemens duquel les prêtres pronostiquaient l'éclat et la durée du règne naissant. Avis aux législateurs ! J'avais cru devoir respecter quelques antiques préjugés du pays; j'élevai mes lois nouvelles sur le fondement des anciennes, et quand j'allais atteindre le but de tous mes soins, de toutes mes peines, les vieilles bases s'ébranlèrent tout à coup, et renversèrent l'édifice nouveau.

« Un *insondo*, misérable insecte de la

grosseur d'une de nos fourmis, et l'ennemi le plus redoutable de l'éléphant, s'était glissé dans la trompe de celui qui me portait en triomphe. L'animal, irrité par de vives piqûres, donna d'abord des marques d'impatience qui excitèrent l'étonnement du peuple; mais bientôt les violentes douleurs qu'il ressentit portèrent sa fureur au plus haut degré; il poussa des clameurs épouvantables en bondissant de rage, et finit par briser son large front sur des rochers voisins. On m'avait soustrait au danger qui me menaçait, mais un danger non moins grand m'attendait encore. Les prêtres me déclarèrent indigne du trône et de la vie; la prospérité de l'état était compromise; mes innovations avaient soulevé contre moi l'ombre de Trudo Audati et les dieux mortels du Dahomay. Le roi m'aimait, il me devait la vie; mais la mort de son fétiche alarmait sa superstition : il balança quelque temps; enfin, la reconnaissance l'emporta, et il borna ma peine à l'exil, après m'avoir fait administrer une forte bastonnade pour l'acquit de sa conscience.

« Un ciron qui multiplia sa race sur les pilotis placés au sein de l'Adriatique, fit courir à la formidable Venise plus de dangers que tous les rois de l'Europe, ligués contre elle; un ciron me précipita du trône et changea peut-être les destinées d'un vaste continent....

« J'ai su depuis que les peuples du Dahomay me regrettèrent; ils envoyèrent jusque dans le royaume de Juida, des gens à ma recherche; mais j'avais quitté les côtes de la Guinée : croyant me remplacer facilement par un homme de la même couleur que moi, ils firent des propositions à l'un des Européens qu'ils rencontrèrent sur les côtes; celui-ci accepta; les services que j'avais rendus lui furent comptés ; on le combla de richesses et d'honneurs : c'était Bernard. Si j'avais aimé la vengeance, je me serais réjoui de cet accident qui plaçait mes ingrats sujets sous le pouvoir d'un intrigant sans capacité.

Que vous dirai-je enfin, M. le comte? je revins en France. Je m'y fis auteur, espérant trouver dans les travaux de l'esprit le repos et le bonheur après lesquels je soupirais depuis long-temps. Je croyais ne plus avoir affaire qu'à la postérité. Combien mes contemporains me désabusèrent! Un ouvrage fort intéressant, que je composai sur les mœurs, les usages et la politique des rois barbares de l'Afrique, fut regardé par la censure comme une satire contre plusieurs souverains de l'Europe. L'ouvrage fut défendu, l'auteur faillit encore aller à Bicêtre ou à la Bastille. J'avais besoin de gloire cependant; ne pouvant être ni grand médecin, ni grand général, je désirais au moins me voir inscrit sur la liste des quarante immortels; j'enfantai une tragédie. A force de soins et de peines, je parvins à la voir représenter; un plaisant du parterre la fit tomber à la troisième scène avec un mot, très facétieux, il est vrai, mais fort peu concluant contre le mérite de la pièce. Pendant ce temps, Bernard, de retour à Paris, y jouissait modestement d'une haute réputation d'homme de guerre, de savant jurisconsulte et de voyageur philosophe. Voulant réparer, autant que faire se pouvait, mon échec théâtral, j'essayai de rassembler chez moi quelques hommes du monde, et plusieurs littérateurs en renom, pour les faire assister à une lecture de mon drame. Une danseuse de l'Opéra, entretenue par Bernard, donnait un grand souper ce jour même; mes confrères les auteurs s'y trouvaient engagés, et je n'eus pour auditeurs que quelques jeunes élégans, quelques vieux roués de la Régence, qui m'écoutèrent en minaudant, en grimaçant, en bâillant, en dormant, ratifièrent l'arrêt du public, et déclarèrent à l'unanimité ma pièce détestable. Je ne me décourageai pas; un poëme héroïque fut le fruit de cette poétique résignation. Aucun libraire ne voulut l'imprimer; ma réputation m'avait devancé, et j'appris en sortant de chez l'un d'entre eux que Bernard venait d'être nommé à l'Académie, n'apportant à cette illustre société d'autres titres littéraires qu'un quatrain en l'honneur de cette haute et jolie dame que Marie-Thérèse daignait appeler son *amie et bonne cousine*.

« Après avoir exercé tous les métiers avec quelque talent et beaucoup de probité, je crus deviner que la médiocrité intrigante avait seule le droit de réussite. Un homme de cette espèce n'avait-il pas recueilli le fruit de mes talens, de mes travaux dans les quatre parties du monde?

Je me faisais vieux; je sentais le besoin d'assurer mon avenir; non sans peine, je me décidai à suivre la route commune. Solliciteur à la suite, je fréquentai l'antichambre des grands, j'écrivis des placets pour eux et des *bouquets à Chloris* pour leurs maîtresses; je me fis des amis dans les journaux, dans les ministères, et jusque dans la garde-robe du roi; enfin, j'avais trouvé des protecteurs zélés; toutes les démarches nécessaires pour obtenir l'emploi que je sollicite étaient faites; le chemin de la cour était aplani pour moi; il ne s'agissait plus que de présenter au roi ma pétition; il me paraît donc bien naturel que la main qui devait la rédiger et la signer soit tout à coup frappée d'impuissance. Je prévois mon sort et ne veux pas m'en plaindre. Le choc de nos voitures a sans doute renversé avec moi, au milieu de la route, tout le résultat de mes assiduités auprès des grands, et de mes petits vers à Chloris; mais, pour cette fois, que mon destin maudit en soit loué. Il me serait trop pénible de penser que la seule action condamnable de ma vie ait été la seule qui me fit arriver au bonheur. Il n'est point de petit échec dont il ne résulte un grand bien lorsqu'il est vu d'un peu haut. Si mes diverses catastrophes ont nui à ma fortune et à ma réputation, biens fragiles et périssables, du moins elles ont développé mon ame, agrandi la sphère de mon intelligence, en me contraignant d'exercer mes forces morales dans différens genres et chez différens peuples; elles m'ont appris à ne prodiguer mon estime et mon dédain que d'après une connaissance approfondie des hommes et des choses, et non sur de vaines apparences; car il doit exister dans le monde bien des gens de mérite et de talent, que des circonstances défavorables et des hasards malencontreux ont jetés, ainsi que moi, dans les rangs obscurs des êtres pauvres et inconnus. L'éclat des grands titres et des grandes réputations ne m'en imposera plus. Si peu de chose suffit pour élever ou détruire les gloires humaines; et je l'ai si souvent éprouvé! La forme du nez de Cléopâtre, comme l'a observé Pascal avec tant de sagacité, n'a-t-elle pas causé la fortune d'Auguste, la perte d'Antoine, et changé la face du monde? D'après l'académicien Duclos, les punaises qui tourmentaient les conclaves de Rome, ont souvent triomphé des intrigues et des séductions, et fait nommer des papes qui, sans elles, ne l'eussent jamais été. Un enfant qui joue chez un lunetier, fait découvrir des myriades de soleils et de mondes nouveaux, et prépare, sans se douter de rien, l'illustration de Simon Marius, de Galilée et de vingt autres grands astronomes. Une pomme qui tombe démontre à Newton les lois de l'univers, et lui révèle peut-être toute l'étendue de son propre génie. Quant à moi, qui semble avoir été jeté sur ce globe pour prouver l'influence que peuvent exercer sur les destinées de l'homme, ce maître du monde, toutes ces causes subalternes et méprisées, un faux geste, un sobriquet, un pepin de raisin, un vermisseau, de la poussière, un roquet, un insecte, un censeur, n'ont-ils point fermé devant mes pas vingt routes qui conduisaient à la gloire ou au bonheur? J'aurais pu devenir fataliste; je ne veux point l'être; je ne le serai jamais. Insensés, mille fois insensés ceux qui refusent de croire qu'une immense pensée présida à l'existence de ces êtres infimes, rouages imperceptibles, mais importans du grand œuvre. L'harmonie de l'univers ne s'entretient qu'à force d'irrégularités apparentes. Je ne m'écrierai pas : tout est bien! mais je dirai : rien n'est inutile ni méprisable! Un atôme prend de l'importance par sa position, comme le chiffre zéro dans les calculs arithmétiques ; tout a sa puissance d'action, tout peut devenir levier à son tour, tout a été produit pour entretenir cette éternelle réaction du bien et du mal, qui, seule, donne le mouvement et la vie à la création. »

Monsieur Pigafet se tut; le comte de M...., après avoir écouté silencieusement sa longue tirade philosophique lui dit : « Votre histoire m'a vivement intéressé et m'a surpris plus que vous-même ne pouvez l'imaginer. Votre haute intelligence cependant, monsieur Pigafet, ne paraît pas vous avoir fait comprendre encore que si des malheurs, non mérités, peuvent s'attacher sans cesse à un homme sans le flétrir, la fortune sourit souvent aussi à des hommes indignes d'elle peut-être par la faiblesse de leurs moyens, mais incapables de chercher à la fixer par l'intrigue ou la bassesse. Je suis Bernard, ce Bernard qui profita de vos désastres sans les avoir causés, qui fut quelquefois votre rival, jamais votre ennemi, qui parvint à une grande réputation sans l'avoir recherchée, aux honneurs sans les aimer, et qui n'a pas plus à rougir de sa prospérité que vous de votre infortune. » Ici monsieur Pigafet fit un mouvement pour interrompre le comte de M..., ou Bernard, comme on voudra l'appeler; mais celui-ci, après avoir imploré son silence par un geste, poursuivit ainsi : « Je vais à mon tour vous faire le récit des principaux événemens de ma vie. Je serai bref, mon histoire n'étant que le complément de la vôtre.

« Il est bon de suivre sa vocation particulière dans le choix d'un état; mais comme je n'eus jamais de vocation particulière pour une chose plutôt que pour une autre, je ne consultai que le goût de mon père, et devins avocat pour lui faire plaisir; mais si j'étais sans éloquence, je n'étais pas sans bonne foi, et je sentis bientôt que les dons de l'orateur m'avaient été refusés par la nature. De là vint cette timidité, ce trouble, cette faiblesse d'organe qui vous frappèrent si fort dans mon premier plaidoyer. L'accident de la perruque me fit prendre part au rire général; j'eus tort sans doute; mais on n'est pas toujours maître de soi, et votre figure était réellement fort comique. Le succès inattendu que j'obtins devant ce tribunal ne m'aveugla pourtant pas; car, quelques jours après, un de mes oncles, médecin fort riche et fort à la mode, m'ayant proposé de me faire son légataire universel, à la condition que je serais en état d'hériter à la fois de sa fortune et de sa clientelle, je me fis médecin pour mon oncle, comme j'avais été avocat pour mon père. Je connus de cet art, juste ce qu'il en fallait connaître pour endosser la robe doctorale. Je sus ce que j'avais appris, rien au-delà, et toute innovation me parut un sacrilége. Jugez si je dus être indigné de vous voir oser toucher à l'arche sainte de la routine; je lançai ma prédiction de mort, comme un anathème : le grain de raisin me fit triompher, ce qui ne m'éblouit point encore cependant; car mon oncle étant décédé sur ces entrefaites, j'héritai de sa fortune, j'abdiquai sa clientelle, et résolus de passer ma vie dans ce doux rien-faire, seul but de ma paresseuse ambition.

« Mon intendant, homme intègre pour son état, plaça mes fonds dans le commerce, et les fit valoir pour nous deux; j'eus ma part du profit, et me gardai bien de me plaindre. Votre vermisseau rongeur put aider au débit de mes marchandises, mais la complicité n'étant pas admissible sur ce point, je n'avancerai rien pour ma défense. Enfin les années s'écoulaient et le repos commençait à me peser ; je résolus de courir le monde pour me distraire. La lecture de quelques voyageurs très véridiques et de quelques poètes très bien inspirés, m'avait appris que l'Orient est l'*empire des roses et de la beauté ;* j'aimai toujours beaucoup les belles fleurs et les belles femmes, et je me mis en route pour la Perse, après avoir relu mes voyageurs, mes poètes, et les Mille et une Nuits, afin de me mettre au courant des mœurs et des coutumes du pays que j'allais parcourir. J'y vis peu de roses et point de femmes ; mais en revanche une misère générale, la terreur peinte sur toutes les figures, des massacres continuels entre les Usbecks et les Persans. Kouli-Kan, autrement dit Nadir-Shah, était alors dans l'éclat de sa gloire, et je m'enfuis devant ses armes qui ravageaient tout sur leur passage. J'arrivai chez les Tartares indépendans, lesquels voulurent d'abord me couper le nez et les oreilles ; mais ayant aperçu sur le côté gauche de ma figure une petite verrue, regardée chez eux comme un présage certain de bonheur et de réussite, ils changèrent d'idée et me nommèrent général en chef des troupes qu'ils rassemblaient pour seconder les efforts de Nadir contre la Russie.

« Mon cher monsieur Pigafet, vous savez aussi bien que moi comment l'affaire se passa ; mais ce que vous ignorez, c'est que, né avec un caractère fort peu belliqueux, dès le commencement de l'action je ne songeai qu'à ma propre sûreté et tournai bride. Une partie de mes troupes, pleine de confiance en ma verrue, suivit en tout mon mouvement, et s'enfonça, ainsi que moi, dans un petit bois de palmiers, où, par le plus grand des hasards, nous découvrîmes votre superbe embuscade qui ne nous attendait pas. Elle avait mis bas les armes lorsque la poussière épouvantable qui s'éleva nous contraignit de retourner sur nos pas ; nous vous trouvâmes alors dans le plus grand désarroi, combattant les uns contre les autres ; après vous avoir laissé faire quelque temps, nous vous achevâmes facilement, et je fus reconduit en triomphe par mes Tartares, enthousiasmés de mon courage et de ma verrue.

« J'eus part au butin ; mais fatigué de la gloire comme je m'étais fatigué du repos, je quittai mes Tartares pour visiter le nord de l'Europe. J'épousai effectivement en Allemagne une femme charmante qui ne devint amoureuse de moi que sur mon titre de Français. Votre prompte rupture avec elle avait fait du bruit. La médisance menaçait de s'emparer de cette affaire et l'épouvantait ; mais vous n'aviez séjourné que quelque temps dans le pays qu'elle habitait ; elle vivait solitaire et retirée ; peu de gens enfin avaient été té-

..

moins de votre liaison : elle crut, en donnant sa main à un de vos compatriotes, faire passer votre aventure sur son compte; vos soins, vos assiduités auprès d'elle, furent reversibles sur moi. Aussi, dispensé des longues épreuves qu'elle vous avait fait subir, je vous remplaçai promptement, et notre hymen n'eut l'air que d'une réconciliation. Elle mourut; je la regrettai; car, malgré ses travers, elle avait le cœur excellent.

« Depuis quelques années, je fournissais des fonds considérables à cette société coloniale dont les projets vous avaient si brillamment déçu; j'avais un nouveau besoin de sortir de mon repos; cette fois je ne recherchai plus le pays des roses et de la beauté; j'allai en Afrique me mettre à la tête de la vaste entreprise de la Guinée. Nos affaires y prospéraient et pouvaient s'accroître encore; car, d'après des récits certains, nous savions que d'immenses mines d'or existaient dans l'intérieur des terres. Mais comment pénétrer chez ces nègres barbares, la plupart anthropophages? Je rêvais à cette idée, lorsque je fus tout à coup abordé par les députés du grand Dahomay, qui, sur l'inspection de la couleur de mon visage, me proposèrent de les suivre; je me gardai bien de laisser échapper une si belle occasion; le descendant de Trudo Audati m'accueillit avec les plus vives démonstrations de joie et d'amitié; il m'offrit de faire immoler mille esclaves en mon honneur, de me donner six cents négresses pour mon sérail, et d'essayer de la circoncision. Je le remerciai de tant de belles choses, et lui dis que le sang versé n'honorait personne; qu'il avait beaucoup trop haute opinion de moi s'il croyait que six cents maîtresses me fussent nécessaires, et que, quant au dernier article, je le suppliais de m'en dispenser.

Il me répliqua, avec beaucoup de politesse, que mon humanité et ma modestie lui plaisaient ; que cependant lui-même possédait deux mille femmes, et que cela n'engageait à rien. Il me demanda mon nom ; et, lorsqu'il l'eut entendu, je crus le voir se prosterner devant moi ; car *Berr-nahr*, dans le langage des *Alghemis*, fort usité au Dahomay, signifie *le très divin*. Nous devînmes les meilleurs amis du monde ; il vous aimait toujours, et me chargea de revoir vos lois un peu discréditées par l'accident de l'*insondo*. Je n'en changeai que le texte ; mais il fallait faire preuve de capacité. Je les rassemblai, et les fis paraître de nouveau sous la dénomination de *Code Bernard* ou *Berr-nahr*, ce qui donna au peuple la meilleure opinion de moi. Enfin, après avoir profité de ma puissance pour faire exploiter les mines d'or du Dahomay, comblé de richesses et d'honneurs, escorté des bénédictions de toute la population, je quittai l'Afrique pour rentrer en France.

« De retour à Paris, j'y devins l'objet de la curiosité générale; j'étais le Cicéron ou l'Hippocrate moderne, le héros du Volga, le Lycurgue de l'Afrique; il est vrai que ma fortune était immense. Comme vous le pensez bien, j'eus un grand nombre d'amis qui ne parlèrent que de mon esprit et de mes talens, et je me laissai doucement aller à la flatterie. Les protecteurs se présentèrent pour moi de tous les côtés; ils me dirent qu'un ex-roi du Dahomay devait au moins être un comte en France, et j'achetai le comté de M.... Mes amis me dirent de plus que le bon ton exigeait que je prisse une maîtresse à l'Opéra; le bon ton força ma danseuse à recevoir des gens de lettres à ses soupers; ceux-ci me persuadèrent à leur tour que le bon ton voulait qu'un grand seigneur comme moi fût de l'Académie; j'avais fait, je ne sais comment, un quatrain pour la marquise de P...., et je fus académicien.

Voilà, mon cher monsieur Pigafet, comme, sans intrigue, sans cabale, conduit par la fortune, le hasard, porté par les causes subalternes qui ont fait vos malheurs, secondé de plus par ma verrue, mon nom, celui de mon pays, la couleur de mon visage et les soupers de ma danseuse, je parvins honnêtement à une si haute prospérité; toujours à votre suite pour recueillir les débris de vos naufrages, toujours disposé cependant à vous porter aide et secours, si j'avais pu être instruit de votre existence et de vos infortunes. Vous couriez après la fortune et la gloire, qui couraient après moi; espérons que dorénavant elles placeront mieux leurs faveurs, et que, loin de vous nuire, je ne me trouverai près du but avec vous que pour vous éloigner du fossé;

près du port, que pour vous signaler l'écueil. »

Et tous deux s'embrassèrent, comme pour réconcilier leurs destins contraires. Monsieur Pigafet était honteux de l'opinion injuste qu'il avait eue jusque là sur un homme aussi honnête, aussi compatissant. « Quel motif vous attirait à Versailles? » lui dit enfin son nouvel ami. « J'ai la parole du ministre, répondit celui-ci, pour la place de conseiller d'état, nouvellement vacante. » A ces mots, le comte Bernard parut atteré. « La place de conseiller d'état! s'écria-t-il; hélas! elle m'a été accordée ce matin par le ministre lui-même. » Et M. Pigafet reprit tranquillement: « Je devais m'y attendre ; tout est dans l'ordre. »

TAM-GARAÏ,

LE BON BANIAN.

(INDOSTAN.)

TAM-GARAÏ,

LE BON BANIAN.

La gloire n'est que l'ombre de la vertu; la première ne peut exister où la seconde n'est pas.
(*Maxime extraite du Sama-Vedam des Indiens.*)

Avant que les Tartares, les Mogols, les Marattes et les Anglais eussent tour à tour conquis et opprimé les plus belles contrées des Indes-Orientales, le royaume du Guzzurate était regardé comme la terre nourricière et la plus riche province de cette vaste presqu'île. Un jeune rajah, plein d'audace, de valeur et de qualités brillantes, venait d'y succéder à son père. Souverain d'un grand peuple, d'un pays fertile, comptant pour tributaires les rois du Décan, de Jesselmire et de Chitor, l'ambition ne tarda pas à s'emparer de lui; il voulut surpasser Alexandre par ses conquêtes, Mariadiramen par son équité; il ambitionna même presque des revers afin de s'y montrer l'égal de Porus. Les brames les plus instruits de Bénarès, les poètes les plus célèbres de l'Inde furent appelés à sa cour pour célébrer les exploits qu'il projetait et les vertus qu'il allait avoir.

Il doubla le nombre de ses soldats, les fit vêtir d'habits magnifiques, et résolut, pour éblouir son peuple, de passer en revue lui-même son armée tout entière.

Entre les monts de Bollodo et le golfe de Guzzurate est une plaine immense bordée d'un double rang de palmiers et d'arbres de sandal. C'est là que de toutes les parties du royaume se sont rassemblées les troupes du jeune prince; c'est là que se pressent en foule les habitans de Baroche, de Cambaye, de Boudra, etc., avides de jouir d'un si noble spectacle et de la présence de leur souverain. L'armée se rangea en bon ordre sur les bords du golfe, et bientôt le cortége royal parut. Deux mille raspûts, ou fils de nobles, en formaient l'avant-garde. Tous revêtus d'un baftas (1) du coton le plus fin, d'étoffes de soie rayée, de brocarts d'or et d'argent, tenaient en main un de ces arcs renommés, fabriqués à Multan, ou des lances et des haches de Kaboul. Au bruit de tous les instrumens de guerre, couvert d'un manteau écarlate, le front et la poitrine chargés des diamans de Somelpour, de Golconde, de Visapour, le prince parut, monté sur un éléphant blanc, richement enharnaché et rayonnant lui-même des pierreries précieuses du Pégu et de l'île de Ceylan.

Déjà notre jeune héros, fier d'un luxe

(1) Bandes de mousseline, dont ils s'entourent le corps.

et d'un éclat qu'il regardait comme les avant-coureurs de la gloire, cherchait à lire dans les yeux de ses sujets l'impression qu'il avait produite, quand il s'aperçut que le peuple, plutôt que de se précipiter au-devant de son escorte pour jouir du bonheur de le contempler de plus près, saisi d'un vertige soudain, dans une agitation de plus en plus croissante, se retirait vers des groupes d'arbres qui garnissaient les côtés de la plaine. Une effroyable panthère, sortie des monts de Bollodo, était la cause du tumulte et de l'effroi général. Intimidée par la multitude qui se pressait en reculant à son approche, elle s'avançait lentement et la gueule béante dans le large chemin que la terreur ouvrait devant ses pas, lorsqu'un misérable vieillard, qui jusqu'alors s'était tenu à l'écart (c'était un halalchor, caste méprisée à l'égal de celle des parias), se trouva seul, séparé des autres Indiens;

car malgré l'imminence du péril, il n'eût osé souiller de son attouchement impur ses nobles concitoyens qui l'entouraient en tremblant. Le monstre fit un bond, s'élança sur le vieillard, et déjà, rugissant de joie, s'apprêtait à l'emporter dans ses montagnes. Tout à coup un homme sort de la foule, coupe hardiment la retraite à la panthère, la contraint de lâcher prise, plonge avec audace son bras dans sa gueule entr'ouverte : en vain l'animal furieux, haletant de rage, les yeux hors de leur orbite, se redresse, lui enfonce dans les flancs ses griffes de fer; l'Indien résiste, lutte, l'étouffe et le jette expirant sur le sable. Le peuple poussa un cri de joie et d'étonnement, surtout en reconnaissant dans le vainqueur de la panthère le bon banian, Tam-Garaï, dont naguère toute la fortune s'était dissipée à secourir les pauvres du Guzzurate.

Quand le calme fut rétabli, le jeune

rajah en costume de guerrier, monté sur un coursier de l'Arabie, qu'il faisait caracoler avec adresse, parcourut les rangs de ses soldats, leur promettant à tous des triomphes et des honneurs. Le peuple admira sa grâce et sa dextérité, la magnificence de son armée; mais sans cesse, distrait par un souvenir récent, ses yeux se tournaient avec inquiétude vers les monts de Bollodo.

Le départ fut annoncé pour le lendemain. On dressa les tentes royales sur les bords du rivage, des aromates brûlèrent de tous les côtés, des feux furent distribués dans la plaine, les brames attirèrent les bénédictions du ciel sur un roi l'espoir de l'Indostan, et les poètes de la cour préludèrent à des chants plus nobles, en célébrant son aisance dans l'art de l'équitation, l'éclat de ses diamans et même sa générosité, sans doute dans l'intention de la provoquer.

Rentré dans sa tente, enivré d'encens, rêvant à l'exécution de ses vastes projets, le roi résolut d'examiner par lui-même l'impression merveilleuse qu'avaient dû laisser dans l'esprit de ses sujets ce brillant étalage de luxe et de puissance. Couvert d'un simple vêtement de raspût, il se dirigea vers la grande allée de sandals et de palmiers où le peuple s'était construit à la hâte des abris pour y passer la nuit. Des groupes étaient formés partout; la conversation y paraissait vive et animée; il s'approcha de quelques uns, et le nom de Tam-Garaï fut le seul qui frappât son oreille. On s'interrogeait avec intérêt sur l'état de ses blessures; on redisait l'excès de son dévouement pour sauver la vie d'un misérable halalchor; chacun avait vu son combat avec la panthère, et chacun, en le racontant avec des circonstances différentes, enchérissait encore sur la grosseur du monstre et sur l'audace du combattant. Indigné qu'un jour de grande revue, on osât s'entretenir de pareilles choses, le roi se mêla à d'autres groupes. Dans ceux-ci on rappelait avec admiration les bienfaits du bon banian. Pendant une année de disette, il avait nourri à ses dépens plus de mille malheureux; par les secrets qu'il avait découverts et révélés en médecine, il avait conservé la vie à un aussi grand nombre; et sans cesse le nom de Tam-Garaï, répété de bouche en bouche, venait fatiguer l'attention du roi et blesser son orgueil.

Il se retira, manda dans sa tente un brame qui l'avait élevé, et dont il respectait la franchise et les vertus. Le sage écouta avec calme le résultat de son excursion nocturne, et lui repondit : *Le luxe et la magnificence éblouissent un instant les yeux et s'effacent; le souvenir d'une belle action reste dans la mémoire du peuple.* Le prince se recueillit;

et, après un moment de silence : « Eh bien, dit-il, je ferai de belles actions ! » Ses favoris arrivèrent; on appela les bayadères et les jongleurs; et, au milieu des tours d'agilité et des danses voluptueuses, une partie de la nuit se passa à mâcher du bétel (1), à boire de l'arack (2) et de la liqueur du toddi. (3)

De retour à Guzzerat, aujourd'hui Ahmed-Abad, capitale de ses états, le roi, plus que jamais avide de gloire, chercha quels moyens il devait employer pour arriver aux belles actions qu'il méditait. « Il est plus beau de triompher d'un peuple que d'une panthère, se dit-il ; la guerre

---

(1) Amalgame de noix d'arèque, de chaux vive, renfermé dans une feuille de piper-bétel, plante sarmenteuse qui appartient au genre poivre. (X.)

(2) Liqueur spiritueuse, extraite de la canne à sucre.

(3) Espèce de palmier.

peut seule me rendre illustre. » Il s'enquit aussitôt, auprès du ministre chargé des finances du royaume, si les rajahs de Jesselmire et du Décan payaient exactement leurs tributs; il lui fut répondu que deux cent mille roupies d'or venaient à l'instant même d'arriver dans le trésor en leur nom. Le prince se désolait d'une exactitude qui lui ôtait tout prétexte d'invasion, lorsqu'on vint l'avertir que la ville était dans la consternation. La petite rivière de Lambremetti, qui traverse Guzzerat, et dont tour à tour la sécheresse ou les débordemens sont des calamités publiques, avait franchi ses rivages et presque submergé la maison d'un riche marchand bâtie sur ses bords. Une femme et un enfant se trouvaient seuls alors dans cette habitation; en vain on les apercevait sur une terrasse élevée, implorant du secours par leurs gestes et par leurs cris: l'inondation, qui s'étendait de plus en plus, commençait à les atteindre et menaçait de les engloutir; mais les torrens pluvieux qui avaient enflé le lit du fleuve donnaient à ses ondes une telle turbulence, surtout dans cet endroit parsemé de rochers et de bâtisses nouvelles, que nul n'osait risquer de courir à une mort presque certaine pour sauver les jours de ces infortunés. Le roi, environné de sa cour, arriva sur le lieu du désastre, et agitant dans sa main une large coupe en or, d'un travail inestimable et enrichie des plus beaux diamans de la couronne : « Elle appartient à celui qui les sauvera ! » s'écria-t-il. Un murmure d'approbation se fit entendre autour de lui. Cependant aucun des nombreux spectateurs ne tentait de la mériter, et le roi la faisait briller de nouveau à tous les yeux pour exciter leur courage, lorsqu'on s'aperçut qu'un homme suivait le rapide courant du Lambremetti dans une petite jonke, et que, d'après la coutume des Indiens, faisant jouer l'aviron avec son pied, tandis que ses mains lui servaient de point d'appui, il cherchait à se diriger du côté des malheureuses victimes. Mais la faible barque; bientôt portée contre les rescifs, s'y brisa et disparut sous les flots avec son guide. Celui-ci, intrépide nageur, triompha de ce péril; armé d'une hache, il s'élança de rocher en rocher, enleva d'une bâtisse quelques pièces de bois qu'il unit fortement entre elles avec des liens de toute espèce qu'on lui jeta du haut de la terrasse. La mère et son enfant, descendus sur ce radeau, y furent fixés fortement par leur libérateur; lui-même, en les livrant au courant, les garantit encore de son impétuosité au moyen d'une corde qu'il tenait tendue en nageant derrière eux. Poussés enfin dans une anse du fleuve, ils y prirent terre, sains et saufs. Le peuple, accouru à leur rencontre, fit retentir les airs de ses acclamations, et conduisit aussitôt auprès du roi le sauveur de cette intéressante famille. C'était Tam-Garaï. Le jeune prince rougit en l'entendant nommer. « Tiens, lui dit-il en lui présentant la coupe, voici la récompense promise à ton courage. — Je ne puis l'accepter, répondit le banian; auprès de Brama, elle m'ôterait le mérite d'une bonne action. — Mais songes-tu, répliqua le prince étonné, que si tu étais mort dans cette entreprise périlleuse, chacun eût pensé que l'espoir de la récompense t'y avait seul entraîné? — Que me font les jugemens des hommes! J'ai vu le danger que couraient deux de mes semblables, je n'ai consulté que mon cœur. — Il n'importe, je sais que ta bienfaisance prodigue a causé ta ruine; je me charge de rétablir ta fortune. — Le ciel y a pourvu, prince; une somme assez considérable que j'avais prêtée jadis, m'a été rendue aujourd'hui même. »

On ne parla à la cour que de la grandeur d'ame du roi, qui sacrifiait la plus belle de ses coupes pour sauver deux de ses sujets. On ne s'entretint parmi le peuple que du noble dévouement de Tam-Garaï.

Le rajah dit à son brame : Mon père, êtes-vous content de moi? *Oui*, répondit celui-ci; *votre action est noble; mais celle du banian l'effacera; car vous recherchiez une gloire sans péril; il affrontait un péril sans gloire, pour obtenir un triomphe sans intérêt.*

Quelques mois s'écoulèrent encore dans des préparatifs de guerre dont le roi du Guzzurate lui-même ne pouvait assigner le but; il aimait trop la justice pour envahir les états voisins, et entraîner ses sujets dans des chances aussi terribles, sans un prétexte quelconque. En attendant une circonstance favorable, il veillait lui-même à l'achèvement complet d'un superbe palais qu'il se faisait bâtir au milieu du Méïdan, ou place publique de Guzzerat; il avait tout disposé, tout prévu, afin que, si la mort venait le surprendre avant ses conquêtes, ce superbe monument suffît seul pour faire passer son nom à la postérité. Lorsqu'il fut entièrement construit : « Que dit-on parmi le peuple? demanda-t-il à son brame véridique. — Prince, il n'y est bruit que de la citerne du bon banian. — Comment? Qu'est-ce? Quelle citerne? Que voulez-vous dire? s'écria le prince dans un transport soudain. — Je veux dire, répliqua tranquillement le brame, que voulant, autant qu'il est possible, diminuer les effets dangereux des inondations du Lambremetti, et prévenir en même temps la disette d'eau qui se fait sentir à Guzzerat lorsque le lit de cette rivière est à sec, comme dans cette saison, Tam-Garaï a fait construire, à ses frais, une vaste citerne qui, par des conduits souterrains, reçoit le superflu du fleuve dans le temps des pluies, et le conserve pour le temps de la sécheresse. — Mais mon palais! dit le prince d'une voix altérée; que dit le peuple de mon palais? — Le peuple pense que vous y serez magnifiquement logé. — Oser mettre en balance le plus beau monument de l'Indoustan et une chétive citerne! — *Roi du Guzzurate*, dit le brame en élevant la voix, *le peuple ne peut vous estimer que par le bien que vous lui faites, et les monumens n'ont de valeur à ses yeux que par leur utilité.* »

Plus de vingt poëmes, en grands vers bien cadencés, parurent alors sur le palais du Méïdan, la merveille de l'Inde; mais le rajah ne les écouta qu'avec ennui; car le peuple avait composé, en l'honneur du banian, une petite chanson, sans art et sans esprit, qui commençait par ces mots : *Ah ! le bon Tam-Garaï ! Que Brama veille sur Tam-Garaï !* Et souvent ces fatales paroles arrivaient jusqu'à l'oreille du souverain.

Un courtisan, plus clairvoyant que les autres, s'aperçut de sa tristesse et en devina le sujet ; il se précipita aux pieds du prince, porta la main droite sur sa poitrine, posa l'autre sur la terre et la ramena sur sa tête en criant : « Justice ! justice au nom de Brama ! Justice au nom du peuple ! » Le jeune rajah, qui n'ignorait pas que l'équité est aussi un moyen d'arriver à la gloire, et qui, depuis longtemps, enviait l'occasion d'éclipser par un jugement solennel, le renom de Mariadiramen, le Salomon des Indes, ordonna au courtisan de s'expliquer. « Prince, un infâme, un hérésiarque, imbu des principes affreux de l'*Agamam*, ose prêcher publiquement l'égalité des conditions parmi les hommes. — Son nom? — Tam-Garaï! » Le banian comparut devant le roi, fut convaincu d'avoir fréquenté indifféremment des individus de toutes les castes, d'avoir souffert l'attouchement d'un halalchor, sans s'être purifié ensuite de cette souillure, et, comme sectateur de l'*Agamam*, il reçut l'ordre de s'exiler du royaume, sans que le bon brame lui-même osât prendre sa défense; car il s'agissait d'une atteinte portée à la religion, et, de plus, le roi avait déclaré que, pour apaiser la colère des dieux, il ferait construire en leur honneur, dans Guzzerat, une pagode qui surpasserait par sa splendeur celles de Jagrenaut, de Multan et de Kalamak. « Le prince reconnaît la sagesse de mes avis, dit le brame en lui-même, il en revient aux monumens utiles. »

Ce fut alors surtout que toutes les lyres furent montées pour apprendre à la postérité l'équitable jugement du rajah des rajahs de Guzzurate. Le peuple ne répondit à toutes ces louanges que par sa chanson favorite : *Ah! le bon Tam-Garaï! Que Brama veille sur Tam-Garaï!*

Le prince, qui déjà se croyait immortalisé par les chants de ses poètes, par l'éclat de son palais, par la paternelle modération de son arrêt, délivré enfin du seul rival qui lui disputât l'admiration de ses peuples, résolut d'ajouter à toutes ces illustrations celle qui lui manquait encore. Depuis long-temps les Sanganiens et les Warrels infestaient par leurs pirateries les côtes du royaume; on convint de les exterminer; mais il fallait organiser à grands frais une marine redoutable, et le peuple se plaignait déjà du nombre des impôts. « Doublez-les, disaient les courtisans. Les chameaux ne sont paisibles que tant qu'ils sont chargés. » Le roi les écouta et s'aliéna tout-à-fait l'esprit de la nation.

Après de longs préparatifs, l'armée se mit en marche. Elle devait, pour s'embarquer au golfe du Guzzurate, traverser les faibles bourgades des Kowlis, détruire ces peuplades de brigands, renverser de son trône la reine de Sanganie; de là, s'emparant de la mer, depuis la pointe de Diu jusqu'aux côtes de Malabar, forcer les Warrels à livrer au triomphateur leurs armes et leurs vaisseaux.

Les Kowlis, surpris à l'improviste, n'opposèrent qu'une faible résistance. Ils furent vaincus, détruits ou livrés à l'esclavage. Le roi se conduisit en héros, partagea tous les périls de ses soldats, immola de sa propre main le chef des bandes ennemies, et compta deux éléphans tués sous lui. La défaite des brigands fut suivie de trois jours de réjouissances, après lesquels le rajah victorieux ordonna l'embarquement. Mais à peine le signal du départ se faisait entendre, qu'on vit entrer dans le golfe un vaisseau envoyé par les Warrels et par les Sanganiens. Les députés de ces peuples se prosternèrent devant le roi, et l'un d'eux s'exprima ainsi : « Rajah des rajahs, la guerre fut long-temps notre seul métier, notre seule ressource; plus d'une fois nous avons prouvé par notre résistance aux forces réunies de ton père, des rois de Décan, de Cambaye et de Balagate, que notre soumission ne dépendait que de notre volonté. Vivre pour combattre fut long-temps notre unique loi; les temps sont changés aujourd'hui; d'autres besoins se sont fait sentir parmi nous; la cause en est trop belle pour rester cachée, la voici : une jonke marchande, capturée par nos Sanganiens, comptait entre autres passagers un de tes sujets. Il allait subir le sort commun de nos prisonniers (1), lorsque quelques anciens habitans de Guzzerat, qui servaient parmi nous, le reconnurent et implorèrent sa grâce de notre reine. Étonnée du récit pompeux qu'ils faisaient de ses vertus, elle désira le voir; la parole du sage fructifia dans son cœur. Bientôt, par ses conseils, tout prit une face nouvelle autour de nous; nos nombreux captifs, rendus à une existence plus douce, utilisés et appréciés selon leurs talens, firent éclore tout à coup au milieu de nos retraites sauvages les arts nécessaires à la vie. En cessant de s'enivrer de *bang* (2), de cette liqueur dévorante qui, exaltant leur imagination, les portait à la férocité, nos compatriotes reprirent le caractère na-

(1) Ces peuples, aussitôt après avoir fait des prisonniers, leur coupaient le tendon d'Achille, pour les mettre hors d'état de se sauver.

(2) Mélange d'opium et de jusquiame.

turel aux Indiens. Peu à peu nos vaisseaux désarmés essayèrent quelques échanges avec les peuples voisins; le commerce entra dans nos ports. Nos terres, laissées incultes par notre insouciance, furent rendues à la fertilité; l'aisance et le plaisir adoucirent nos mœurs. Les Warrels, nos compagnons éternels, se ressentirent eux-mêmes de cette révolution subite, et en adoptèrent les conséquences. Quelques cœurs endurcis, quelques mécontens cherchèrent parfois à nous rendre à notre état primitif; mais les vertus de notre nouveau legislateur, la fermeté de la reine, leur imposèrent silence. Un changement si extraordinaire, si merveilleux, fut l'ouvrage de quelques mois et d'un seul homme : aussi les Sanganiens et les Warrels répètent-ils en chœur maintenant la chanson du Guzzurate : *Ah! le bon Tam-Garaï! Que Brama veille sur Tam-Garaï!* »

A ce nom, le prince baissa le front d'un air consterné. Le deputé ajouta :

« Ne trouble point le bonheur dont nous commençons à jouir ; tout prétexte de guerre cesse entre nous; les vaisseaux capturés sur tes sujets te seront rendus ; laisse s'accroître notre prospérité, et, plus tard, tu fixeras toi-même le tribut que nous te paierons comme dédommagement de tes inutiles préparatifs de guerre. Accepte ces otages, garans de notre foi, dit-il au rajah en lui présentant deux des fils de la reine de Sanganie; qu'ils apprennent auprès de toi l'art de rendre les peuples heureux. Comment ne pratiqueraient-ils point la vertu sous les yeux de celui qui compte au nombre de ses sujets un Tam-Garaï ! »

« Tam-Garaï ! s'écria le jeune roi en relevant son front enflammé de dépit et de fureur ; ce nom me poursuivra-t-il partout ? Viendra-t-il sans cesse triompher de moi ; détruire mes plus nobles espérances ? Me faudra-t-il renoncer aux conquêtes, à la gloire, ma seule passion, parce qu'il existe un Tam-Garaï ? »

Le brame véridique était auprès du monarque, et il ne s'agissait plus d'hérésie et de *l'Agamam* : « Si vous aimez la gloire, modérez-vous, lui dit-il, et ne rendez point des étrangers témoins de vos faiblesses. Acceptez la proposition des Sanganiens ; un traité vaut mieux qu'une victoire ; *il est plus beau de vaincre par la parole que par les armes, et persuader vaut mieux que conquérir.* — Ainsi le banian est plus grand que moi. »

Le vainqueur des Kowlis n'en rentra pas moins dans sa capitale, porté sur un superbe palanquin de Tatta, par les premiers seigneurs de sa cour. Les sons aigus de la trompette, le bruit des tambours, les cris de ses soldats, les chants de ses poètes, ne l'empêchèrent point cependant d'entendre quelques voix murmurer encore : *Ah ! le bon Tam-Garaï ! que Brama veille sur Tam-Garaï !*

Resté seul avec son brame : « Mon père, lui dit-il, m'expliquerez-vous enfin comment il se fait qu'un misérable sujet d'une caste presque méprisée, sans armée, sans trésors, traînant tour à tour son existence dans la misère et dans l'exil, ait pu sans cesse rivaliser avec avantage contre moi, rajah des rajahs, roi fils de rois ? — Mon fils, c'est que vous n'avez aimé que la gloire ; le banian aime la vertu. Celle-ci fait le bien de tous, est utile à tous ; l'autre ne satisfait que la vanité et l'ambition de quelques uns. Voulez-vous être véritablement grand et laisser à la postérité un nom durable et respecté, n'oubliez jamais ce précepte du Sama-Vedam : *La gloire n'est que l'ombre de la vertu ; la première ne peut exister où la seconde n'est pas.»*

Quelques anciennes traditions confuses donnent à penser que ce monarque indien, du règne duquel nous venons d'esquisser les premières années, mourut dans un âge fort avancé, après de vastes conquêtes qui l'avaient rendu souverain de tous les pays compris entre Chitor et Golconde, jusqu'aux montagnes d'Orixa. A la fin du dernier siècle, cependant, j'ai traversé l'ancien royaume du Guzzurate, maintenant province des Marattes ; nul n'y a conservé le souvenir de tant d'exploits ; le nom même de ce prince y est entièrement ignoré, tandis que celui de Tam-Garaï se répète avec vénération dans toute la presqu'île orientale. Les beaux vers composés en l'honneur du rajah, ont subi le sort du héros qu'ils célébraient, et, depuis les monts de Bollodo jusqu'aux côtes de Malabar, on redit encore la chanson du bon banian.

FIN DU PREMIER VOLUME.

TABLE DES PIÈCES

CONTENUES DANS LE PREMIER VOLUME.

FIN DE LA TABLE.

Nouveautés.

OEUVRES COMPLÈTES DE VOLTAIRE, 2 vol. in-8., sur coquille vélin superfine.

Cette édition formera 60 livraisons qui paraissent de quinze en quinze jours, depuis le 15 mars 1825.

Prix de la livraison : 2 fr. 50 c.

OEUVRES COMPLÈTES DE J.-J. ROUSSEAU, 1 vol. in-8., sur coquille vélin superfine.

Cette édition formera 25 livraisons qui paraissent de quinze en quinze jours depuis le 15 février 1825.

Prix de la livraison : 2 fr.

OEUVRES COMPLÈTES DE MOLIÈRE, édition revue sur les textes originaux, précédée de la Vie de MOLIÈRE par VOLTAIRE, et de son Éloge par Chamfort, et ornée de 32 culs-de-lampes gravés par nos meilleurs artistes. 1 vol. in-8. Prix : 15 fr.

LE COMTE DE VILLAMAYOR, ou l'Espagne sous Charles IV. 5 vol. in-12. Prix : 15 fr.

Ce roman, dont tous les journaux ont fait les plus grands éloges, est à sa seconde édition.

SIGISMOND DE BOURGOGNE, tragédie en cinq actes et en vers.

LES DEUX ÉCOLES, ou le CLASSIQUE et le ROMANTIQUE, comédie en trois actes et en vers; par MM. Léonard et Ader. Prix : 2 fr. 50 c.

LE DERNIER CHANT DU PÉLERINAGE DE CHILDE-HAROLD, par M. Alphonse de Lamartine. Cinquième édition, augmentée de diverses épîtres. 1 vol. in-18, imprimé sur papier grand raisin superfin. Prix : 4 fr.

HISTOIRE DE LA VIE ET DES OUVRAGES DE MOLIÈRE, par J. Taschereau. 1 fort. vol. in-8., orné d'un beau portrait de Molière, et d'un *fac-simile* de son écriture et de celle de sa femme.

TRAITÉ DE LA TYPOGRAPHIE, par Henri Fournier, imprimeur. 1 fort vol. in-8., accompagné de planches.

www.ingramcontent.com/pod-product-compliance
Ingram Content Group UK Ltd.
Pitfield, Milton Keynes, MK11 3LW, UK
UKHW020110200726
13856UKWH00002B/474

9 782012